同濟大學 1907-2017
Tongji University

同济大学中央高校基本科研业务费专项基金资助

语义角色视角下的谓词同义词辨析

张占山 著

同濟大學出版社
TONGJI UNIVERSITY PRESS

内容提要

本书在吸收格语法、配价语法及汉语相关语义研究成果的基础上，构建了一个基于语义角色的谓词组合能力和组合语义关系描写框架，籍此框架对谓词同义词进行对比，找出其差异，将处于聚合关系的谓词同义词的辨析交由外部组合关系来解决。循此思路，对谓词同义词的辨析应按照句法功能、语义组合关系、语义属性三个层级进行，最终将句法功能、语义角色关系都相同的谓词同义词的辨析推进到对担当语义角色的名词短语语义属性的观察上。并选取了有生与无生、个体与集体、具体与抽象、物体与事件、数的信息、社会地位、评价特征、主体意愿、己他对立九个语义属性维度进行了相对封闭的观察。

本书提出的层层递进、以语义角色组合框架来观察谓词同义词差异的思路，具有很强的可操作性，观察结果客观、形式化，有利于外国人的汉语学习和对外汉语教师的词汇教学。本书以语义角色组合框架为线索的词汇语义描写成果，也是在汉语词汇语义形式化、科学化描写的有益尝试。

图书在版编目(CIP)数据

语义角色视角下的谓词同义词辨析/张占山著. --上海：同济大学出版社，2017.5

ISBN 978-7-5608-6893-6

Ⅰ.①语… Ⅱ.①张… Ⅲ.①汉语—谓词—研究 ②汉语—同义词—研究 Ⅳ. H136

中国版本图书馆 CIP 数据核字(2017)第 082543 号

语义角色视角下的谓词同义词辨析

张占山 著

责任编辑 丁会欣 **责任校对** 徐春莲 **封面设计** 陈益平

出版发行 同济大学出版社 www.tongjipress.com.cn

(地址：上海市四平路 1239 号 邮编：200092 电话：021-65985622)

经　　销 全国各地新华书店

印　　刷 常熟市华顺印刷有限公司

开　　本 787 mm×1092 mm 1/16

印　　张 11.75

字　　数 235 000

版　　次 2017 年 5 月第 1 版 2017 年 5 月第 1 次印刷

书　　号 ISBN 978-7-5608-6893-6

定　　价 36.00 元

序

Preface

任何语言的词汇系统中都有同义词。可能汉语的同义词比别的语言还要多。因为汉语使用的历史长，有文字记录的数千年间，使用的人口一直很多，在言语使用的过程中，词义的引申、同义词的形成是不可避免的，这也是词汇不断发展、言语表达不断丰富和精密的表现。在汉语，由于使用了表意的汉字，每个字都是一个有意义的语素，数量最多的双音词的词义，大多是单音词或语素的意义相加合成的。一些双音词就是用同样的“义核”加上另一个“义素”成为一组意义相关而相异的同义词的。因此，汉语的同义词可能会比别的语言更多。例如，“扬弃、放弃、丢弃、抛弃”以“弃”为义核，加上四个不同的动词语素，表示弃除的方式的不同；“赞扬、赞美、赞赏、赞叹”因“赞”而衍生，表示称赞的程度的差别。此类同义词就比比皆是。

然而汉语的同义词研究起来却是很不容易的，一来，如何认定同义词，从宽从窄，往往见仁见智，很难有大家都认同的标准；二来，同义词的词义及其在句中的使用，牵涉到词汇意义、语法意义，与历来人们的认知方式有关，与构词法和造句法也有密切的关系。考察同义词的区别不能不比较其基本义、附加义、色彩义、语用义，不能不联系构词法和句法功能，考察各种复杂的语义属性。

为了探讨现代汉语同义词的辨析方法，本书的作者抓住了多数研究者认识比较一致的常用280组谓词同义词作为考察对象，这是很有见地的。因为谓词同义词往往兼有词汇意义和语法意义，是辨析的难点和重点。同义词的语义延伸是在言语运用中试行、创造和扩散的过程中定型的，辨析只能回到言语运用中去考察。为了避免主观臆测，作者建立了2亿4千万字的语料库，对这近300组同义词的不同意义和用法进行比较和归纳。有了对最常用、最复杂的常用词的全方位的考察和大语料的支撑，这两条措施就使他的研究获得了可信的基座。在分析语料的过程中，他不但借助了当代西方语言学理论（尤其是配价语法等理论），还注意吸收中国的传统语文学的有价值的方法（例如段玉裁给《说文》所作的精彩注解）。这方面的努力将会对今后的同义词研究提供有益的启发。

张占山来厦大之前，就在烟台的著名词汇语义学家张志毅先生的身旁受到很多熏陶。入学后，根据他已有的研究基础，很快就定下博士论文的题目。在厦大的三年间，可谓专心致志、目无旁顾，研究过程中也能多争取张先生的指导。论文答辩时，评委们是满意的，但这十年里语言学又有许多可观的发展，就这个论题来说，还有值得努力提高的地方。

厦大毕业后，占山到同济大学从事对外汉语教学。在一次学术会议上，他的领导曾经很高兴地对我说，你为我们培育了一个好老师。可见他对教学工作还是很认真的。但是这一代年轻人如今也人到中年了，工作之外还有家庭的担子，这篇博士论文拖了十年才印出来，虽然做了一些补充，改动并不大。不过，在要我为他写序的信中，他已经表了态：从现在起，该努力奋斗一番了。我希望他，结合十年来的教学经验，好好探讨一下，怎样教留学生学好汉语的同义词。

对于以汉语为母语者来说，区别同义词，往往不是靠读书或查词典来解决的，而是靠已有的语感。对于完全没有语感的外国人来说，这就是一个大难题。打开"中介语"语料库，同义词使用错误的（改正/纠正，关心/关怀，分别/离别）就占了不小的比例。怎样帮助他们具备在上下文中辨析同义词的能力，做到"授人以渔"，这就是对外汉语教学的一个很重要的课题，就这方面开展研究，既可以用上以往积累的资料和心得，也是对解决尚未解决的难题的挑战。帮助留学生学好汉语的同义词，势必要他们学会分解语素，辨析词义，掌握构词法，还要知道同义词的句法组合和语用效果；还可以启发他们拿汉语和自己的母语的异同做比较。从语料库之中，也能找到许多很生动的、来自生活的例句，供学生辨析和学习。这就可以另外写成一本对外汉语教学的指导书。本来，语言本体的研究和教学应用研究就应该是相互为用、相互发明的。认真对待教学工作、也愿意研究思考的张占山，想必能理解这个意思，也一定能使这项研究和本书形成一对双璧，奉献给社会。我期待着他的新成果。

李如龙

丁酉年暮春

于厦门大学西村

目录
Contents

绪　　论

一、汉语谓词同义词辨析理论:现状与反思

(一) 研究意义

1. 同义词的差异是绝对存在的

世界上的各种语言都存在着大量同义词,研究其差异是各种语言所面临的共同任务。有些学者否认同义词存在差异,对同义词的作用持否定态度:"有大量情形表明语言似乎是功能不良的。例如,同义词的存在看来像是一种不必要的浪费。"[1] 另一些语言学家则持完全相反的观点,强调和肯定同义词的特性差异及独特作用。张志毅认为:"差别性是同义词中最主要、最有价值的东西。"[2] 维多利亚·弗罗姆金(Victoria Fromkin)也认为:"没有两个词具有绝对相同的意义,附加的语义特征使意义的区别越来越精细。"[3] 也有学者过分强调同义词的差异性,否定语言中同义词的存在,如弗朗索瓦·哈斯杰(François Rastier)认为:"语义的本质规律并不存在于语义的统一性中,而存在于区别和多样化中。""所有的词都是只见一例的词,没有两个意义完全一样的词……同义词根本就没有。"[4]

语言是一个经济高效的规则系统,是不允许如此众多语法功能、词汇语义相等的冗余信息存在的,同义词的细微差异是它们作为语言词汇系统中的一员而存在的价值所在,是语言词汇丰富性和精确性的体现。不排除在词汇新旧交替过程中,由于方言词汇、外语词汇借用等原因导致的新词与旧词用法、意义几乎完全等同的现象,但这是极个别的,而且和词汇语义的运动有关,是临时的。至于过分夸大同义词的差异性,否定同义词存在,否定语言使用中人们的主观心理感觉,也是与事实不符的。

2. 谓词同义词辨析的理论价值和实用意义

如何把握同义词的差异以正确运用是第二语言学习者面临的巨大困扰。对于母语使用者来说,对同义词的辨析和语码的选择控制能力似乎是与生俱来,语感可以帮助他们解决绝大部分问题,但是,第二语言学习者没有这种语感,在经过了数年的学习之后,他们的偏误往往不是在语法运用方面,而是在相近语码的选择方面。形式化描写同义词差异,揭示语感实质,是语言研究者面临的艰巨任务。

自20世纪90年代以来,随着互联网的普及,不同国家和地区之间交往的日益频繁,语言沟通的需要使自然语言的机器处理迎来了新的发展机遇。在机器翻译(MT)领域,目的语输出时同义语码的选择更是令人困扰的问题,美国科学院语言自动处理咨询委员会(Automatic Language Processing Advisory Committee)于1966年11月公布的《语言与机器》(简称ALPAC报告)的报告称,“机器翻译面临着难以克服的语义障碍(semantic barrier)”。半个世纪过去了,语义问题仍然是自然语言处理发展的瓶颈。理解端的分词、歧义的消解,生成端的近义语码选择,需要大规模精密语言知识库的支持。对同义词的差异进行描写研究,其意义已经不仅仅是澄清词汇使用方面的混乱,也是构建和完善精密的大规模语言知识库的理想手段。语言知识、特别是关于真实世界的知识有成千上万个观察维度,为自然语言处理而编制的知识库究竟需要设计多少描写维度,对真实世界需要描写到何种深度,现在还没有一个较好的答案,太小,则无法奏效,太大,则工程浩繁,降低处理效率。从近义语码的选择角度来讲,只要能够提供足够的规则知识,使机器能正确选择近似编码即可。在同义词辨析中所涉及的真实世界的语言知识是对语言知识库合理的必要的补充。

以上是从应用角度谈同义词差异描写的紧迫性,描写同义词的差异以揭示人类的近义语码选择能力,从语言本体研究的角度看,也具有重要意义。乔姆斯基认为语言研究就是对操本族语人的语言能力的说明,利奇从乔姆斯基的这一观点出发,认为语义研究是对操本族语人的语义能力的说明,他所列举的语义能力,包括识别同义反复、同义矛盾等非常规现象的能力[5]。语义能力还应包括从意义相近的词位聚合中选择合适变体的能力。对同义词差异的辨析和描写即是对人类这方面能力的揭示,是对人类语码选择方面语感的具体化。

本书拟将研究范围框定在谓词(动词、形容词)同义词的范围内(助动词暂不列入我们的研究范围),不同词性的词具有不同的内部语义构成要素,对其辨析应该采取不同的方法。虚词主要表示语法意义,实词中体词和谓词的对立是人类语言的基本对立。体词反映实体,它的典型语义是指示或指称外部世界中的事物、现象;谓词反映实体关系,即实体的动作行为或性状、情状。与体词相比,谓词最大的特点是在概念上的不自足,要依附于相关的其他概念,如动作行为是谁的动作行为,对什么人或物做出该动作行为,性状是什么人或物的性状等。[6]本书只选谓词同义词组作为研究对象,对其辨析思路和辨析成果的描写方法作一番探讨,力求在以往研究的基础上有所推进。之所以这样做,原因有以下四个方面。

首先,谓词在语言中的地位和作用非常重要。谓词在语言中起着组织结句的核心作用,谓词在语言中的重要地位越来越得到正确而深刻的认识。吕叔湘先生早在 1942 年就指出:句子的重心在动词上,"此外凡动作之所由起,所于止,以及所关涉的各方面,都是补充这个动词把句子的意义说明白,都可称为'补词'"。[7]德国心理语言学家约翰内斯·恩格尔坎普 1983 年从心理语言学的角度说过与此类似的话,他认为:"可以把句义理解为对动词的详述和修正……动词似乎开放了它周围的空位,这些空位得有其他词类的词来填补。"[8]吕先生 1987 年明确提出:"动词是句子的中心、重心、核心,别的成分都跟它挂钩,被它吸引。"[9]当代语言学的一个重大转向就是从散漫的研究转向以动词为中心的研究,格语法、切夫语法、配价语法等有影响的语义语法流派所取得的成果都是围绕着动词展开的。

其次,谓词词义非常复杂。谓词在其造词之初浓缩了场景(scene),这决定了它除了表示动作行为性状的核心显性意义之外,还包括了动作行为性状的主体、客体、使用工具、材料、发生的时间、处所等隐性的意义,构成了一个复杂的关系体系。在词典释义实践中,动词常被认为是最难处理的词汇单位,其中一个重要原因就是动词与其动作参与者(participants)间的关系比较复杂。[10]

再次,谓词同义词在同义词组中占比很大。据谢文庆的统计,在 2 073 个同义词词列中,动词形式的占 1 037 个(50.02%),形容词形式的占 467 个(22.52%),名词形式的占 434 个(21.94%)。[11]动词和形容词合计占了总数的 72.54%。这一点从已经出版的同义词典的收词中也可以看出。张志毅先生的《简明同义词典》[12]该书总计收同义词组 566 组,1 430 词,其中,谓词占了 422 组,1 065 词,词组数占了74.56%，词数占了74.48%。刘叔新先生的《现代汉语同义词词典》[13]共收同义词组1 640组，其中，谓词3 246词分布在1 113组之中，占了词组总数的64.87%。

最后，有现成的研究成果可供借鉴。同义词辨析是一项综合工程，涉及到语法、语义、语用、甚至篇章分析等语言研究的各个领域，是对现有词汇和句法语义研究成果的综合运用。目前，语言学界关于谓词语义方面的研究成果众多，我们选取谓词作为研究对象，正好有较为丰富的语义语法的研究成果可供借鉴。

基于以上理由，我们将研究对象选定为谓词同义词组。对占同义词组总数一半以上的谓词同义词组的辨析思路进行研究，既可以充分吸收和利用现有的语义研究成果，又可以为词典编撰提供有益的借鉴。

（二）理论现状与存在的问题

1. 理论现状简述

我国的传统小学语义学非常发达，服务于解经释义的传统小学在同义词的训释上取得了举世瞩目的成就，出现了《尔雅》《说文解字注》等一批优秀的同(类)义词典，特别是段玉裁的《说文解字注》，广泛搜集散见于古籍中的同义词的差异说解，辨析精细，可谓古汉语同义词辨析的集大成者，其对古汉语同义词辨析成果的描写客观、条理、形式化，使人易于把握，在机器翻译要求形式化成果的当今，尤其值得借鉴。

建国以来，同义词辨析方面的实践成果丰硕，出版的同义词词典、辨析手册很多，涌现出了像张志毅的《简明同义词典》、刘叔新的《现代汉语同义词词典》等辨析慎细中肯的优秀之作。但关于同义词辨析方面的理论研究却显得相对匮乏，从国内来说相对于我们的丰富实践，对方法的理论总结不够，与国外相比较，汉语词义辨析和词义描写方法仍较为滞后，较俄罗斯、欧美传统的词义研究强国差距明显。

在俄罗斯，理论语义学的研究领域新出现了一个被称之为“词典化描写”的语义研究方法，这种研究方法在广度和深度等方面比传统的语义解释法前进了一大步，其操作方法是把所分析的词条跟与其同义或近义的词对比起来作语义方面的描写，词条词义的描写是通过同义现象的研究来进行的。在描写的内容上，既包括了词汇语义(用义素分析法分析动词的意义成分特征)，也包括了相关的组配、派生关系、修辞、语用等信息，体现出了新颖的描写层次和格局。[14] 词典化的语义描写在谓词描写方面的最大特色是注重谓词组配成分的语义属性描写，涉及动作主客体的类型信息（人或是动物、长辈或是晚辈等）、感情因素（如是否愿意、是否积极等）、真假属性，以及是否在场，等等，涉及动作本身的方式、目的、实现手段等，达到了相当深入的程度。很多信息的观察已经超出了语言内部，涉及自然世界的语义知识。这种词典化的描写，好处很明显，“它使我们对动词语义的认识了解由传统的单层次笼统解释深入到了具体、细致、立体化的刻画，更为详实、更易于捉摸。……对实际操作很有用处”。[14]

在美国，菲尔墨（Fillmore）在格语法的深层语义框架下对谓词同义词的辨析作了尝试，他在《词汇语义学中的论题》（*Topics in Lexical Semantics*）一书中认为，一个词确定一个场景，它突出或者强调那个场景的某一部分，场景中的各参与者承担不同的语义角色。场景中的主体、客体、与事、工具、时间、处所等语义角色，虽然未必进入谓词词义的核心，成为词义的外围蕴含成分，以隐性的方式存在，但这些外围成分的特征差别却使理性意义看似相同的谓词体现出了细微的差别，通过对这些语义角色性质特征的描写以及谓词对这些语义角色的依赖与否的揭示可以直观地显化同义词的区别。菲尔墨利用场景理论成功地辨析了 rise 与arise、hit 与 break 与 beat 等[15]。

韩礼德（Halliday）提出“词汇是最精密的语法”，认为语义是一个庞大复杂的语义特征网络，完全可以靠精密的语义属性特征描写来控制词项的生成。几位功能语法学家在这方面做了有益尝试。Berry 描写了与动物有关的词项的语义网络，在他的分类标准中，除了义素分析法常用的性别、成熟程度、生命度以外，把动物们的生活场所也作为分类的标准，如在野外还是跟人类一起生活，跟人类一起生活又进一步区分为在家庭还是在农场。所用的属性值也超出了语言知识的范畴，涉及自然世界的语言知识。哈桑（Hasan，Ruqaiya）描写了获得（acquisition）和剥夺（deprivation）两个意义区间的句法语义网络，这些都是对韩礼德理论实例上的验证。[16]

我国尚未有专门探讨同义词辨析方法的专著，对同义词辨析思路、方法的阐述散见于讲述词汇、同义词知识的书籍，同义词辞典、辨析手册的前言及单篇论文中。如华中师范学院中文系现代汉语教研室编写的《现代汉语词汇知识》[17]、方文一《同义词辨析》前言[18]、谢文庆《同义词》[19]、高庆赐《同义词和反义词》[20]、张志毅

《同义词词典编撰法的几个问题》[21]、梅立崇《同义词词典编撰散论》等[22]，关于同义词辨析的思路和方法各家的论述基本一致，可以概括为：对同义词的辨析主要从意义、色彩、用法三个方面着眼，每个方面再考察很多下级的层面，见表 0-1。

表 0-1 同义词辨析的传统思路方法

差别项	值		适用对象
意义	范围大小		主要是同义名词、动词的差别
	语义轻重		主要是同义动词、同义形容词的差别
	个体集体		主要是同义名词的差别
	词义着重点不同		名词、动词、形容词的差别
色彩	感情色彩	褒义	所有
		中性	
		贬义	
	语体色彩	口语	
		书面语	
	形象色彩		
用法	搭配对象		主要是同义动词的差别
	词性和造句功能		动词、形容词、区别词、副词等
	构词能力		所有
	构形变化		主要是形容词，能否重叠
	使用频率		所有

张志毅先生对同义词辨析思路和线索的概括尤为详尽，在意义差别方面，他概括为七个细目：①词义重点；②词义轻重；③词义虚实（抽象义、具体义）；④个体集体（普遍概念、集合概念）；⑤范围大小；⑥动作内容（如方式、方法、结果、方向等等）；⑦词源差异。在色彩差别方面，他概括为五项：①感情色彩；②态度色彩；③风格色彩；④语体色彩；⑤形象色彩。在用法差别方面，他概括为十项：①使用对象；②使用范围；③搭配关系；④使用频率；⑤词性差别；⑥语法功能；⑦组合能力；⑧构词能力；⑨构词方法；⑩变化形式（重叠等）。[21]

张志毅先生曾对分词类的同义词辨析思路作说明，“动词同义词的主要差别表现在所指的动作或变化上,常有动作内容(方式、方法、方向、结果等)、使用对象、搭配关系、词义轻重、词义重点等方面的差别";"形容词同义词的主要差别表现在所指的性质或状态上,常有词义重点、词义轻重、搭配关系、使用对象等方面的差别"。[21]这成为专门针对谓词同义词辨析方法的珍贵论述。

义素分析法曾经是新颖的词义分析方法,在我国的词义描写和同义词辨析领域也曾使用过,但是不成规模,较成功的是对名词语义场的语义描写,如对贾彦德对服装、军衔、兵种、亲属关系的义素分析等[23]。在分析谓词同义词的时候,义素分析法常作为辅助手段被使用,至今没有一部完全用义素分析法编写的同义词辞典,这可能与义素分析法的局限有关,本书将在第一章详述。

2. 已有理论存在的不足

词的意义分为基义和陪义,基义又称理性义、概念义,它既可能是词的本义,也可能是词在历史长河中因使用而获得的转义(引申义、比喻义、比拟义等)。陪义是一个词的理性意义之外的意义,包括属性陪义、情态陪义、形象陪义、风格陪义、语体陪义、时代陪义、方言陪义、语域陪义、外来陪义[24]。我国学者对同义词辨析"意义、色彩、用法"的思路概括,涵盖了词的基义和各种陪义,是进行同义词辨析时要遵循的基本原则,对一组同义词的完整辨析,要从这三个方面出发,但是在同义词辨析的实践中存在的不足也是明显的。

首先,所用的术语指代不明,术语之间有交叉现象。现有同义词辨析理论在辨析同义词用法时,经常用到"使/适用对象""使/适用范围""搭配关系"三个术语,却无严格的内涵界说,我们只能从已有的同义词辨析的实践成果中来揣摩这些术语的涵义,得出的结论是这三个术语是相互纠结模糊不清的。首先,"对象"在现有的同义词典和辨析手册里不同编撰者有不同的所指。有的表示动作行为的客体(包括配价语法所说的受事、成事、对象),同义词组内成员客体方面有差异,则曰"对象不同",或"使/适用对象不同";但是"使/适用对象"却又被用来对应于动作行为的主体、形容词所表示的性状所系属的主体,造成了主体、对象混用的混乱局面。"使/适用范围"有主体的使用范围和客体的使用范围两种可能,可以包容"使用对象"这一术语。"使用对象""使用范围"实际上也是搭配的一种体现。事先对术语没有一个明确的界说,在辨析的过程中拿来就用,导致术语内涵模糊不稳定,影响了词典使用者对辨析成果的把握。

其次，分项细目的辨析可操作性不强。现有的辨析理论从意义(基义)、色彩(陪义)、用法三方面辨析同义词的总体思路有可操作性，但是具体到每个方面细目的辨析，却不太有可操作性。提醒人们注意“词义的重点”“词义的轻重”(也说“侧重点”)不同，没有说明怎样操作以得出这些差异，哪类词会有这方面的差异。

再次，频率的差异并未得到重视。当A词的非常用义项1与B词的常用义项2构成同义词时，往往仅仅辨析异同，而对其频率上的差异不置一词。这种做法对母语使用者来说，可能不是问题，但对于没有语感的第二语言学习者和计算机来说，频率信息的缺乏往往误导他们把不常用的A1当作常用义项来用。

最后，辨析成果的描写缺乏层次性，各家描写往往不统一，缺乏客观性，形式化程度不够，不易领会把握。“词义的着重点”“词义的轻重”“词义的虚实”不同，判断的标准是语感，然而语感往往因人而异，单凭语感去辨析同义词往往会产生不符合语言实际的偏差。于是便产生了这样令人深思的现象：同义词的差异是不以人的意志为转移的客观存在，但是，各家辨析的结论却不统一，甚至互相矛盾。例如对“抱怨/埋怨”词义轻重的结论，刘叔新的“埋怨”重“抱怨”轻的观点与张志毅、高庆赐的观点完全相反，方文一认为，两者语义轻重随语境而变[25]。过分地依靠语感使同义词的辨析成果中存在着“主观性规定的问题”(方文一语)。在现有理论指导下的辨析，各家对辨析成果的描写往往各细目散漫、杂糅，无系统性和层次性。

以上所列的对同义词基义辨析存在的不足在谓词同义词辨析中也同样存在，鉴于谓词在语言中的特殊地位，为谓词同义词的辨析提供一个可操作的思路，并在辨析成果的描写上面向机器翻译以及汉语的第二语言学习者，提高形式化、客观性，以利于领会和把握，成为当前语言研究的一个有意义和紧迫的重要课题。

二、谓词同义词辨析理论的新动向

传统同义词辨析思路体现出从词义整体着眼的特点——名词范围大小，动词、形容词的语义轻重，不同的色彩差别，都是将词义(义项)作为整体的单位进行比较、考察分析。当代语义学的发展趋势是深入词义单位(义项)内部去研究词义。在辨析的思路和方法上怎样深入词义微观结构的内部，且具有可操作性，在对辨析成果的描写上怎样避免主观性，提高形式化程度，以利于第二语言学习者领会、把握和自然语言处理直接运用，是我们在同义词研究中应该着力的方向。格雷马斯的思路给予我们启示：他在分析“叫”的意义时指出，“叫”要构成义位，也就同时选择了其前面的名词性成分“狗”的义素。[26]推广开来，一个谓词词义内部微观结构，肯定与它前后所联系着的体词性成分有密切关系。张志毅先生在20世纪80年代初从索绪尔任何词的价值取决于它的环境的观点出发，指出对同义词的辨析“不能忽略了对词与词之间的意义结构关系的分析”。[21]符淮青认为应该“从组合中辨析同义词”，观察“同义词的组合差别”[27]。语义结构关系是指诸如动作和动作者、动作和受动者、动作和工具、动作和处所、事物和性质、事物和质料以及事物之间的领属关系等。[28]对谓词同义词组合能力、组合语义关系、所组合对象属性特点差别的观察思考是同义词辨析应该大力倡导的思路。

谓词的词汇意义除了显化的动作、行为、性状意义之外，还蕴涵着谁发出动作行为、动作行为影响谁、该动作行为凭借什么工具、使用什么材料、制成什么物品、该性状系属于谁之类的信息，这使谓词周围开放了一定数目的空位，当谓词要表达一个完整的场景事件的时候，空位由体词性成分添补，从而使相关信息显化。俄罗斯谓词词典化词义描写的最大的创新是把对谓词同义词的差别描写与其所组合的体词性成分（主体、客体、工具、材料、方式、目的等）的语义特征的描写结合起来，这些语义特征，既包括语言知识（如单复数），也包括真实世界的知识，且更多的是真实世界的知识，如：生命度的差别、社会地位差别、真假属性、是否在场等。[14]菲尔墨在《格辨》中描写 rise 与 arise、hit 与 break 与 beat 等谓词同义词差别时，其做法与俄罗斯的词典化的描写方法很不相同。他把描写的重点放在谓词同义词所组合的体词性成分与该谓词的深层语义关系上。[15]

在认知语言学飞速发展的今天，用人类的认知规律来解释语言现象，使解释语言学发展到前所未有的高度。同义词的辨析也不例外，出现了从认知上寻找同义词差异的可贵尝试，这种尝试是从同义量词的认知差异开始的。戴浩一等揭示了形状量词系统中不同成员的认知差异，物体在一维、二维、三维方向上的延展性是汉语形状量词系统首要的认知基础，比如“条”是形容一维延展的物体，“张”是二维的，“块”“片”是三维的；“弹性”“硬性”等物体的物质属性是第二位的认知基础，以此来描写相同维度量词的差异，比如“根”的硬性程度比“条”高。[29]石毓智认为形状量词系统的量词选择首先取决于二维物体和三维物体各维之间的比例，当二维物体的两维之笔趋近于1,则用“张”,趋近于0则用“条”;三维物体的前两维比例接近,当第三维与其中一维的比例趋近于1,则用“块”,趋近于0则用“片”。这是形状量词系统第一位的认知基础,其第二位的认知基础是物质性,比如“张”不能用来形容没有物质延展的“孔”“洞”“缝隙”,而“条”则可以;“块”和“片”则必须用于由物质充满的物体上。[30]“块”和“片”的物质性还体现在它们都是从整体上取下来的部分。

袁毓林从认知视点的差别上对形容词“满”和“全”与名词的组合差异做出了解释,他认为,“满”是基于容器隐喻,“全”是基于套件隐喻,[31]“满”所反映的人类认知视角关注的是一个空间,而“全”所反映的人类的认知视角关注的是多个空间场所,“全”的认知视角存在着在符合条件的多个空间场所上的周遍跳转。袁毓林的两种归纳其实分别对应着 Talmy 所提出的人类的两种基本的认知模式——Synoptic Mode,人类的观察视点静止在一个空间范围内;Sequential Mode,人类的观察视点在若干个空间范围上转换,是一种动态视点。[32]反映前一认知模式的还有“一$_4$”“浑”,反映后一种认知模式的还有“每”“各”“到处”等。[33]具有这一差别的同义词还有“整个—全部”,前者同“满”,名词中心语是单指,只表示一个事物;后者同“全”,其语义所指向的名词中心语指称多个事物。对谓词同义词所蕴含人类不同认知视点的观察是一个值得深入下去的课题。

张占山从认知角度剖析了表存在的“有”与“是”的分布条件,指出二者的分布与其前边处所的周遍性种类及后边存在物的指称(有定无定)有关。用“满”“浑(身)”“遍(地)”“一”表示的周遍型处所,只能用“是”,这类周遍性处所人类认知实际上只关注一个空间;用“每”“各”“到处”“处处”及量(名)词重叠等表示的周遍处所一般用“有”,这类周遍性处所人类认知关注同一范畴内的多个匀质空间,认知视点在空间个体上逐一跳转实现周遍性关照。有定的存在物不能用“有”,无定的存在物二者均可使用。[34]

沈家煊指出,复句存在着“行”“知”“言”三个不同的认知域,在不同的认知域中对关系义的表达有可能使用不同的编码。沈家煊还指出谓词“保证”也有三种不同的认知域的用法,推广开来,谓词同义词应该具有认知域上的差别,这三个认知域的差异在谓词同义词上的表现,是值得关注的辨析方向。[35]

本书顺应同义词辨析从重视外部组合关系、重视组合成分的语义属性、重视现实世界的知识、从认知角度考察差异的国内外发展趋势，拟就如何从组合上、从认知角度辨析谓词同义词谈一下自己的设想，并报告在此种设想下辨析谓词同义词的实践成果，对差异的描写力求清晰、形象、客观，易于把握。对于谓词的组合能力和组合语义关系的研究一直是配价语法、格语法、切夫语法等当代语义语法学派研究的核心内容，对现代汉语的配价研究自朱德熙先生的《"的"字结构和判断句》开先河以来，至今已有多年的历史，特别是进入 20 世纪 90 年代以来，经过张国宪、黄锦章、陈昌来、袁毓林等一大批学者的推进，我国的语义语法研究已经取得了长足的进步，积累了丰富的研究成果，是我们在研究同义词的组合能力、组合关系上可资利用的资源。

第一章　谓词组合能力组合关系描写框架与谓词同义词辨析

一、语义角色与谓词组合能力和组合关系描写框架的构建

（一）义素分析法的局限

义素分析法（sememe analysis）是由丹麦语言学家叶尔姆斯列夫（Louis Hjelmslev）受音位学的启发提出来的。音位学通过对比分析将音位描写为一组区别特征，他受此影响，认为词义也是可分的，将对比分析的原则引入语义分析，提出了义素分析法。在美国，人类学家古迪纳夫（W. H. Goodenough）用这种方法来研究亲属称谓词的含义，称之为语义成分分析法（componential analysis）。语言学家卡茨（J. J. Katz）、福德（J. A. Fodor）将之引入语言研究领域。传统的词义研究都是把词义（义项）作为一个囫囵的整体，义素分析法使人们对词义的关照突破了义项的单位，第一次深入词义的微观世界，它对词义微观层面所作的探索给人耳目一新的感觉。[36]

义素分析法是研究词义内部微观成分的方法，通过对比得出处于同一语义场中的各词的“区别特征”，现有义素分析法描写多用于坐具、军衔、兵种等名词语义场、常用动词语义场上，目前还没有任何一本同义词词典完全用义素分析法来描写同义词的差别。对于谓词外部组合关系，义素分析法无能为力。作为一种从音位学中移植到语义学中来的语义描写方法，义素分析法存在着一定的局限性，莱昂斯等人都有所论述，结合本人的见解，列述如下：

（1）对其理论哲学基础的批评。义素分析法的描写对象是语言符号所指的集合特征，其理论基础是充分必要条件。充分必要条件作为反映语词概念的一种理

论受到了一些语言学家的批评，他们认为该理论不能也无法准确地反映语词的概念特征、概念结构，将某个特征一刀切地用于该语言符号所指集合的所有个体，势必会将某些非典型的个体排除在外(如“会飞”作为鸟类的区别特征将鸵鸟排除在外等)。[37]客观世界的事物分类是一个渐变的联系统，类与类之间往往难以划分出鲜明的界限，中间并没有鸿沟，美国控制论专家查德(Zadeh)提出了著名的模糊集合论(Fuzzy Sets Theory)，其中心思想是集合的界限并不是截然分开的，他用赋值为 0,1 之间的任意实数表示元素属于某集合的隶属度，来说明集合之间界限的模糊。[38]义素分析法对非典型的中间过渡类型的对象处理起来较为困难。

(2) 对其所采用的描写符号的批评。这方面的批评主要有六：第一是其所用的描写符号[HUMAN]、[ADULT]、[MALE]等，本质上是一种人工构建的元语言，其内涵却没有明确的界定，义素分析法的倡导者们认为没有必要定义，其内涵来自于相应的自然语言词汇——明白了自然语言的 human 也自然就了解描写符号[HUMAN]的意义，但是，自然语言的词汇是多义的，描写符号却要求明确性，莱昂斯指出了这一点，认为用这种建立在语言学家直觉上的东西来描写词义是大可怀疑的。[39]第二，区别特征的提取存在着操作上的随意性。用以描写义项的那些人工构拟的元语言，是用求语义共性的方法提炼出来的，提炼出的结果因人而异，且为什么用[±ADULT]、[±HUMAN]等作为语义特征，而不使用等值的[±YOUNG]、[±ANIMATE]，也没有明确的说明。义素分析法在词义描写中提取哪些语义成分，虽然可以通过对比获得，却并不固定，因此，各家的描写结果有时未必统一，如果充分必要条件是其所依据的语义哲学基础，那么，它也并没有解决怎样提取充足必要的区别特征的问题。第三，用这种提炼出来的语义特征描写词义缺乏心理有效性(psychological validity)，例如，有学者把[±走路时着地]这一动作行为用作名词组“鞋—靴子—袜子”的语义构成成分，这在心理上是难以接受的。桑普森(Sampson)认为词义不可分割，“语义原子”跟词典中的词项是一致的。[40]第四是来自维特根斯坦(Wittgenstein)的批评，他在《哲学考察》(*Philosophical Investigation*)一书中以英语“games”为例说明有的词无法从其所指集合中提取共同的区别特征。[41]第五，作为描写符号的[HUMAN]等语义成分的内涵在义素分析法的操作者们看来是固定不变的，然而莱昂斯指出，用[ADULT]分析 boy、girl、和 child 时，[ADULT]需要有不同的解释才能切合三个词的外延，而这与这些符号必须有固定的语义内涵的最基本的要求相矛盾，从而进一步质疑了这套分析符号的合理性。[39]第六，这些描写符号是一个开放的集合，没有人给出用多少个区别特征特征就足以描述自然语言的词汇语义，在理论上可能需要的区别特征数目极为庞大，而作为其鼻祖的音位区别特征是一个封闭的集合，某一种人类语言的音位最终可以用有限数量的区别特征来加以描写。关于这一点，正如赵世章所指出的，把一个词的词义分解成义素，这是深入词义的微观构成世界的一个尝试，但是这种义素分解从各种不同的角度对词义进行分解，存在操作上的随意性，对动词的语义结构层次的描写目前尚缺乏统一的认识。[42]

(3) 对其方法论哲学基础的批评。义素分析法将区别特征值用[±]来描写，某种语义特征或者有，或者没有。这种基于二元逻辑(二元真值对立)的语义分析描写方法，有时候会遇到困难，并非所有的语义对比项都是二元赋值，当语义特征值呈多元对立时，义素分析法则显得拖沓而难以为力。如用此方法描写古汉语“饥一馑一荒”，“谷不熟为饥，蔬不熟为馑，果不熟为荒”(《尔雅 · 释天》)，通过对比提取其语义公约数之一是[±不熟]，由于其存在三个不同的赋值，后续则无法操作。如果强用义素分析法，就必须将这一区别特征一分为三，设立[±谷不熟]、[±蔬不熟]、[±果不熟]三个区别特征。“崩一薨一卒一不禄一死”要分设[±天子]、[±诸侯]、[±大夫]、[±士]、[±庶人]五个区别特征(《礼记 · 曲礼》载，天子死曰崩，诸侯死曰薨，大夫死曰卒，士死曰不禄，庶人死曰死)。这样分析，显得冗余拖沓，掩盖了纲目关系，未若多元特征赋值，以纲统目，简洁明快。

(4) 义素分析法的范围局限。从成分分析法已有的语义描写成果来看，其研究也只局限于(人类)亲属、动物、家具和颜色等几类常见词中，特别是名词，且多是借助词典的释义进行分析的。[43]义素分析法当然也可以用于描写谓词的词义，但是在实践中大规模推行有较大困难，它无法反映谓词和其他词语组合的关系义。

(5) 其他。莱昂斯用“brother-in-law”为例指出，构成成分有时候不能是一个无结构的序列。[39]义素分析法无法显示不同义素在词的某义项中的地位和作用，尤其是不同义素对语法功能的制约差异。[44]

每一种研究方法都有一个适用的领域，义素分析法本身分析词义有局限，而且不适合谓词组合能力的描写，它无法体现组合能力和组合语义关系。

(二) 语义角色:谓词组合对象和组合关系的载体

为了从组合能力和组合关系上分析描写谓词同义词的差别,本书拟构建一个基于语义角色的谓词语义描写框架。该框架既能观察分析谓词的组合能力,又能兼顾其组合关系,可以方便地吸收已有的同义词辨析成果以及汉语语义语法领域已有的研究成果,据此对谓词同义词的差异进行分析和描写,可操作性强,而且结论较为客观、形式化,利于把握。

这一框架的理论依据是菲尔墨的场景理论。菲尔墨在他的初期格理论中研究了与谓词组合的体词性成分所承担的语义角色,这种语义角色反映的是谓词与体词之间的深层语义关系。菲尔墨在二期格理论中加入了场景这一重要概念,认为句子描述的是场景,场景中的各参与者承担各种格角色[15]。谓词概念在人类的概念体系中居于中心地位,句子是谓词驱动的,由谓词作为中心组织起来的,这一观点被越来越多的学者认同。[45] 例如切夫对人类的语义结构是这样认为的:人类的概念系统由动词部分和名词部分二者组成。动词部分包括状态和事件;名词部分包括事物、概念。动词居中心地位,名词处外围地位。因为任何语言中除一小部分由感叹词构成的句子外,所有句子从语义上说均有动词存在。而且,正是动词的性质决定了句子的其余部分。例如句子的动词"laugh"决定了其前边的名词必须是[+有生](animate),而且必须是[+人](human),无生命的"椅子"等不能出现在句子中。[46]

从菲尔墨的场景理论出发,我们认为,谓词在其造词之初是基于一定的场景的,是对场景的编码化,一个谓词就是一个场景事件的表述。不过,经过编码化以后,只有动作、行为或者性状本身成为谓词的词汇义,是显性的,场景中的参与者角色则被隐去,因而使谓词周围保留着相应的空位。当其运行组织句子的功能时,空位由体词性成分来填补,参与者角色在句中得以显化。

由此看来,语言中的谓词具有两个职能,第一个职能是指称动作、行为、性状,这是谓词的基本职能,体现的是其概念义,语言中若无谓词,人类认识世界过程中所获得的动作、行为、性状知识,便无法称说表述。另一职能是组织调配,谓词的语义结构中蕴含着参与者角色,在自己周围开挖了空位,使它能够钩住并同时指派相应的角色关系给体词性词语,这是谓词的外部职能,不同谓词对体词有不同的组合能力，指派不同的组合关系，体现的是其关系义。

谓词的词汇意义除了显化的动作行为性状意义之外，还蕴涵着谁发出动作行为、动作行为影响谁、该动作行为凭借什么工具、使用什么材料、制成什么物品、该性状系属于谁之类的隐性信息，这些隐性信息使它周围开放了一定数目的空位，当谓词要表达一个完整的场景事件的时候，空位由体词性成分添补，从而使相关信息显化。“动词跟动词在支配能力上的差别，就表现为在其周围的空位的多少和类型。”[47]形容词也同样可以这么认为，参与者角色本身就是谓词词义的一部分，我们完全可以通过参与者角色属性信息来观察谓词的属性特点。这些填补空位的体词性成分，被称为语义角色(thematic role)。

语义角色有两方面的含义：首先，它指称与谓词组合填补谓词语义空位的体词性成分，我们在后文中经常说这个谓词可以带几个语义角色就是这一意义；其次，它还包含着谓词指派给该体词性成分的施动、受动、结果、使成、性状系属等语义关系，如主体表示该名词性成分是动作的发出者，客体表示该名词性成分是动作的承受者，等等。

从组合上辨析谓词同义词，我们所关注的与谓词组合的成分，必须是根据词汇意义能够推导出来的，在动词所激活的场景中蕴含着的固定语义成分，不包括从词义中无法推导出来的随遇性成分，如“三点买电影票”“在光明电影院买电影票”中的“三点”“在光明电影院”是任何动作发生都可能涉及的时间地点成分，不是“买”这一动词场景中蕴含的固定语义成分。语境中的临时性用法，如：“排电影票”“挤公共汽车”中的“电影票”“公共汽车”，语法学者从构造句子的角度分析为目的角色，但这些组合与词汇语义无关，属于语境的临时组合，无法反映词汇语义，也不在我们的研究范围。借鉴语义语法的研究成果，根据菲尔墨[15]、黄锦章[48]、袁毓林[49]和陈昌来[50]的研究，这些语义角色成分分别称为主体、客体、与事、凭借、环境、原因、关涉，说明如下。

1. 主体成分

动作行为的发出者，性状的系属者，包括施事、致事、经事(袁毓林称感事)、系事、起事(后二者袁毓林合称主事)，这些语义角色处于互补分布的状态，是不同类动词的主体的不同名称，在同一个动词中只能出现一个与动词组合，例说如下。

(1) 施事是指动作行为动词的主体，一般认为它具有[＋有生]、[＋自立]

(independent)的语义特征。

① a 我[施事主体]吃不了。　　　　b 他[施事主体]学习汉语。

施事主体有两类比较特殊,一类是由人组成的具有一定行为能力的组织机构,如学校、机关、团体、协会等,一般常识是没有生命的;另一类是虽有生命但几乎没有行为能力的植物。有人把组织机构视为有生,把植物等同于无生物[51],本书遵从一般常识,在需要特殊说明的时候将用[无生主体]、[植物主体]等名称。

② a 党组织[无生主体]没有发动群众。b 花[植物主体]开了。

(2) 致事是致使动词的主体,一般认为它具有[+自立]、[+使动]的语义特征。

③ a 政府[致事主体]降低了物价。　b 这些举动[致事主体]繁荣了市场。

(3) 经事是心理动词的主体,一般认为它具有[+有生]、[±自主]的语义特征。

④ a 我[经事主体]懂你的话。　　　b 他[经事主体]很高兴。

(4) 系事是性状动词和形容词的主体,这类主体既非施事也非受事,具有[±有生]、[一自主]的语义特征。

⑤ a 他[系事主体]病了。　　　　　b 这个人[系事主体]很眼生。

(5) 起事是"是、为、姓、像、如、有、属于、等于"等关系动词的主体。

⑥ a 一切反动派[起事主体]都是纸老虎。b 这个孩子[起事主体]像混血儿。

2. 客体成分

谓词所表示动作、行为的影响者,包括受事、成事(结果)、使事、位事、对象、止事。这些语义角色处于互补分布的状态,在与同一个动词组合时只能出现一个。

(1) 受事是因施事的动作行为而受影响的事物。

⑦ a 小王打了小李[受事客体]。　　b 我买了一件衣服[受事客体]。

(2) 成事所表示的事物是动作行为所造成的结果,成事和受事的主要区别是成事在动作发生之前并不存在。

⑧ a 她织了一件毛衣[成事客体]。 b 他盖了一所房子[成事客体]。

(3) 使事是致使动词的客体成分,即“X+使+Y+Vp”中的 Y。

⑨ a 美国孤立对手[使事客体]。 b 他端正了学习态度[使事客体]。

(4) 位事是运动、存在行为发生或进行的处所起点、终点,这里的位置必须是词义中所蕴含着的,一般是成句时的必有成分。

⑩ a 小王漫步街头[位事客体]。 b 他住三姨家[位事客体]。

(5) 对象是心理动词的客体。

⑪ a 我认识那个人[对象客体]。 b 大家都很羡慕她[对象客体]。

心理动词分为认知心理动词和情绪心理动词两类,陈昌来将前者的客体称为“感事”,后者的客体称为“对象”。

(6) 止事和起事相对,是关系动词的客体。

⑫ a 北京是中国的首都[止事客体]。b 他的名字叫张三[止事客体]。

3. 与事成分

除主体客体外动作行为非主动的参与者。

⑬ a 张老师教我们[与事]英语。 b 她给我[与事]20 元钱。

4. 凭借成分

从动词词义中可以推导出来的动作行为发生凭借的工具、材料等,包括工具角色、材料角色。与同一个动词组合时这些角色可以出现两个或两个以上。

(1) 工具角色:动作行为所用的工具,工具角色在动作行为的过程中不发生变化。

⑭ a 我用刀[工具角色]切菜。 b 他用斧头[工具角色]劈木头。

(2) 材料角色:动作行为所用的材料。与工具成分的不变性相比,材料成分在动作行为的过程中具有损耗性。

⑮ a 我用面粉[材料角色]做馒头。 b 他用毛线[材料角色]织毛衣。

5. 环境成分

环境成分指从动词的词义中可以推导出来的动作行为的时空环境,包括时间角色和空间角色。与同一个动词组合时这两个角色可以同时出现。

必须注意区分临时和固定两种时空成分。时间和空间是主体的基本属性,主体的任何动作行为最终都要牵涉到一定的时间,发生在一定的空间内。这种随遇性的广义的时空成分,是组织句子时加进来的临时语境成分,与固定词义无关,从词义中无法推导出来,这一类不是我们研究谓词语义和观察谓词同义词差别时所关注的对象。另一类是谓词的词义中蕴含着的从谓词的词义中可以推导出来的时空成分,是词义本身的构成要素,谓词入句时,必须有这些成分,否则,不能成句,或者虽然没有专门的词语表达,但是我们从谓词的词义中仍然可以推知,动作发生的时间或空间义素,这类固定的时空成分是我们所关注的。陈昌来区别了这两类时空成分,他把前者称为“境事”,把后者称为“位事”[46]。

(1) 时间角色:动作行为发生的时间。

⑯ 会议持续了三个小时[时间角色]。

(2) 空间角色:动作行为发生的空间背景。

⑰ a 他牺牲在战场上[空间角色]。b 他在城里[空间角色]生活。

6. 受益角色

上述语义角色中接受动作行为所带来益处的名词角色被称为受益角色,这一角色包含着受益和受损两个相反的方面,接受动作行为所带来的损害的则为受损者角色。

受益者角色:接受动作行为所带来的益处的名词角色,主要是给予类动词的与事。

⑱ a 我给了他[受益者角色]一本书。b 他赠我[受益者角色]一幅画。

受损者角色:接受动作行为所带来的损益的名词角色,主要是索取类动词的与事。

⑲ a 警察罚了他[受损者角色]50 元。b 我要了他[受损者角色]两个苹果。

以上角色名称主要是根据陈昌来[50]所作的归纳,语义角色的名称和数目各家很不统一,这也是目前配价语法、格语法等理论的困惑所在。配价语法的鼻祖特斯尼耶尔(Tesnière)又将这些角色分为“行动元(actants)”和“状态元

(circonstants)”。“行动元”是行动的参与者,包括动作行为的发出者、针对者、涉及到的第三方,分别对应于主体、客体、与事。状态元指谓词词义中蕴含的行为动作的工具、材料、方式、时间、地点等角色。袁毓林继承了这一分类方法,称之为“核心论元”和“外围论元”。[49]行动元在谓词语义中的地位更为突出,与谓词的关系更密切。除了“主体、客体、与事”之外,其他语义角色跟动词的关系较为疏远。这可以从朱德熙先生的《自指和转指》一书中得到证明。根据朱先生的研究,“Vp 的 N”结构歧义指数只跟核心论元相关,只有当 N 是主体、客体、与事的时候,才可以省略,该名词被相应动词的“的”字结构蕴含,而工具、场所、目的等成分则不能省略,不能被蕴含。[52]能省略的前提是在语境中能够被推知,在言语交际中不致产生歧义。核心论元因其种类较少,且具有方向性,主体在谓词前,与事、客体在谓词后,其省略完全可以根据语境还原,不会产生歧义,而外围论元因其种类较多,且都是谓词的修饰限制成分,没有方向性,若省略,无法从语境中准确推知。陆俭明先生指出“Vp+的”结构还可以指工具,像“我洗的是凉水”“他切的是那把刀”之类。[53]这类用法往往是不符合固定词汇语义的临时语境组合,属于语言活用。

本书引入这些语义角色,目的是以这些角色为线索观察谓词同义词组内成员有无该组合项,组合后的语义关系是否相同,给予什么名称则不是重要的问题,至少不会影响我们对问题的分析。

(三)基于语义角色的谓词组合能力和组合关系描写框架

同义词组内各词之间是一种语义上的聚合关系,在某种使用场合它们之间有替换的可能性。对替换的可能性的描写,不妨观察他们横组合关系的差异,词义心理学的研究成果也表明了这种思路的合理性。Stahl 提出,小孩不是从字典中学习新词的意义的,而是在语境中听到或读到词的,那些更具体、多义、具有较多相关词的词要更快地被人们所认知。[54]符淮青提出了一个表动作行为的动词的词义描写框架,在该框架中涉及动作行为的主体(施动者)、动作行为本身、动作行为的对象、结果(客体),以及对这三者进行限制的外围成分如:主体、客体的数量、性状,动作的工具、方式、程度、时间、空间、数量等[55]。并不是每一个表动作行为的动词的词义都有以上成分的全部,在对具体某词进行词义描写分析时,选取相应的语义组分进行组合即可描写词义。这种将谓词语义公式化的尝试使我们很受启发，有了以上的语义角色，我们可以构建一个扩展到整个谓词的词义描写框架，该框架能够清晰的反映谓词对于体词性成分的组合能力与组合关系，该框架如下：

主体 ＋ 谓词 ＋ 与事 ＋ 客体 ＋ 凭借 ＋ 环境

该组合框架的描写对象是谓词的某个义项，某个谓词的不同义项其组合能力和组合关系往往会有所不同。对同义词的辨析必须以义项为单位，张志毅的《简明同义词典》贯彻了这一做法，后出的同义词辨析词典基本上都是以义项为辨析单位，这样便于在辨析中抓住矛盾，集中用力。至于同义词某个成员的义项的分立，本书依据《现代汉语词典》(第六版)，[56]后文所列的同义词组，都是以义项为单位，在右下角用阿拉伯数字标明该词《现代汉语词典》中的义项序号，以括号内的汉语数字“(一)”“(二)”等表示同音同形词在该词典中的序号。

(四) 语用修辞因素与语义角色

本书对语义角色的观察以词的固定语义为基础，语用及修辞调配下的组合被排除在外。

1. 语用因素与语义角色

语言研究区分语用因素和非语用因素，会使研究的结果更具有科学性。黎锦熙所论汉语的基础语序和派生语序[57]其实就是在考虑语用因素的基础上作出的结论，基础语序是无语用因素作用下的常规语序，是无标记的；派生语序是一定语用因素作用下常规语序的变换，是有标记的，在理解的过程中要付出更多的注意力。由于语用的研究起步较晚，语言研究中存在着语用、语义不分的情况。我们所提出的描写谓词组合能力和组合关系的框架一定要在刨除语用因素的基础上得出。“谓词配价是以语义为基础的句法范畴，谓词配价作为静态研究应该排除语用的影响。”[58]语用是研究语言交际中的一些非语言信息(如社会背景知识、语境、文化等)如何影响发信者表达和接受者对言语意义的理解的，它不是从语言内部的语音、词汇、语法各要素研究语言，属于外部语言学的研究领域。在语用因素的作用下，谓词的某个核心论元可能会省略，而与谓词语义无关的成分可能与之组合，例如：

① 今天真倒霉!

② 两眼满含感激地望着老师。

③ 那些东西都吃不饱人。

④ 那只狗花了我 100 多元。

⑤ A:你怎么回来的? B:我飞回来的。

⑥ 赵司晨脑后空空地走来。

⑦ 阿 Q 头上挨了很粗的一下。

⑧ 阿 Q 不幸而赢了一回。

⑨ 美国人赢得了自己的噩梦。

例①是基于特定语境的某个有生命主体的省略导致的时间词与其直接组合,不能认为“倒霉”的主体是“今天”。例②中“感激”是形容词,却也不能因而得出“含”的客体是形容词的结论,这里是“感激之情”的省略。例③“吃不饱人”在这里以一种有标记的语序表示“这些东西”的一种属性,不能因此得出“吃”的主体是“东西”、客体是“人”的结论。例④也是基于语境的“买那只狗”的省略,不能因此认为“花”的主体可以是动物的结论,整个句子陈述“那只狗”的某方面属性。例⑤中“飞”的用法不能影响其主体角色必须是飞禽的属性要求,当长久地一代一代用下去,新生的语言使用者再也不感到奇怪新颖了,这一义项(人坐飞机移动)才能固化到词义中去。例⑥“脑后空空”和“走”没有词汇语义上的联系。例⑦并不能因此得出“粗”可以修饰“击打”类动作的结论。例⑧“不幸”和“赢”组合,不能因此得出“赢”具有[一主体受益]、[一期望]的结论。同样,例⑨也不能因为“噩梦”得出“赢得”的客体可以是负面评价事物的结论。以上例句中相关词语的用法都不符合群体的公共认知经验,不符合词典的固定语义,是语用作用下的临时用法。

2. 修辞与语义角色

修辞是对语言的非常规使用,陈望道先生早就指出,修辞是对语法、语义逻辑等的常规的背离“超脱”。[59] 钱钟书也指出,修辞往往背离常规,乖张不羁,常规语言的不通之处,在诗歌语言里就变成了精妙之处。[60] 每一个谓词能带什么关系的角色,该角色有什么语义特点,都固定在使用这种语言社会成员的潜在民族心理中,是该民族对世界认知范畴化的结果。修辞是语言使用超越语义常规、语法常规的方法,这种非常规使用往往表现在对词语内部语义规定的破坏,比如比拟,是对动作、属性关联的主、客体、成事、与事、工具、材料等语义角色范畴特征的打破，让该范畴从人变成了物，或者从物变成人，或者从甲类物变成了乙类物。

⑩ 这个人最近蒸发了。(主体范畴改变)

⑪ 出门遛娃一定要注意了。(客体范畴改变)

⑫ 最近流行晒工资。(客体范畴改变)

⑬ 这个项目被砍了。(工具范畴、客体范畴改变)

⑭ 她打算进入佛门，下辈子与青灯做伴。(与事范畴改变)

……

我们对语义角色的特征观察，一定要刨除修辞用例。当然，如果从历时的角度看，一代人的隐喻是后一代人的常规表达，修辞用得多了，人们不再感到新奇了，就变成了常规表达，[61]词义的发展变化往往是通过比喻、比拟、借代等修辞手法引申开去，并固化沉淀下来。我们的观察限于共时范围内。

二、基于该框架的谓词同义词辨析

本书构拟的组合框架反映的是命题，无法反映谓词的时体、情态信息。从时体、情态方面观察谓词同义词差异，应该在命题语义信息的基础上进行，拟作为下一步的研究计划。

利用这一谓词语义描写框架，我们可以对谓词语义进行形式化描写，例如“解脱—摆脱”可以进行如下描写：

摆脱：用法(1)主体(受益)+V+客体，如摆脱烦恼、摆脱痛苦等；

用法(2)主体(受益)+V+客体所属者(受损)+客体，如：摆脱流氓纠缠、摆脱敌人跟踪；

解脱$_2$：主体+(受益)+V+客体(客体不能是有生名词，主体与客体有领属关系)，如解脱困境、解脱苦恼；

解脱$_3$：主体+V+客体所属者(受益)+客体(受损)(客体可以是有生名词，主体与客体无领属关系)，如解脱鱼的痛苦、解脱囚犯的烦恼；

摆脱(1)、(2)和解脱$_2$、解脱$_3$的划分都是以客体的所属者与动词主体是否重合为条件，摆脱(1)、解脱$_2$的客体所属者与动词主体相同(“摆脱烦恼”“解脱困境”中的“烦恼”“困境”所属者和主体相同)，摆脱(2)、解脱$_3$则不是，语义角色因相同而在入句时被强制删除，我们在分析语义角色的时候应该补出来，这样，“摆脱”与“解脱$_2$”“解脱$_3$”具有相同的语义框架，可以简写为：

主体＋V＋客体所属者＋客体

从中可以看出，当客体所属者与主体相同，“摆脱(1)”与“解脱$_2$”可以换用，但不相同的时候，他们在角色特征上的差异就显而易见了：摆脱的受益者是主体，解脱的受益者是客体所属者。在“主体＋V＋Sb.＋的＋客体”这一语法框架中，他们的区别最为清晰：

① 我摆脱了他的纠缠。(受益者是我)

② 我解脱了他的苦恼。(受益者是他)

再如“发表”和“刊登”，刨除了存现句，其语义角色框架可以描写为：

主体＋V＋客体

主体和客体之间的关系也是它们差别的关键，“发表”的客体隶属于主体，“刊登”的客体不属于主体。

后文中对谓词同义词的辨析依照此例进行。辨析谓词同义词的组合差别，只需要比照以上组合框架依次进行对比，可能会出现以下两种结果。

(一) 格框架特征不同

菲尔墨把某类动词能与多少数目的体词性成分组合，组合后各体词性成分与动词的语义关系称为格框架特征[15]。同义词组内的各成员格框架特征上的差异表现在：(1)所能组合的语义角色的数目不同；(2)组合关系(体词性成分承担的语义角色)不同。

1. 所能组合的语义角色的数目不同

A 词比 B 词能组合的名词短语的数目多，同义词中及物动词与不及物动词的差别就属此类。例如：“激动”(一价动词)与“感动$_2$”(二价致使动词)、“宽容”(状态一价谓词，表示的是人的属性)与“宽恕”(主体是人的动作，二价谓词)、“减弱”(一价动词)与“削弱”(二价动词)等。

2. 组合关系不同

与谓词组合的体词性成分所承担的语义角色关系不同，如上文所分析的“摆脱—解脱”受益角色的差别，客体所属者与主体关系上的差别，再如“躲 N”与“藏$_1$N”，前者 N 的语义角色是因事，而后者的语义角色是受事。“恐惧—恐怖”、“害怕—可怕”这两组词中，前一词表达的是人的心理感觉，后一词形容的是客观事物的属性特点，前者主体是经事，后者主体是系事，前者的主体是人或其他有生名词，不能是客观事物，后者的主体常常是客观事物，主体[＋有生]时也是指该有生主体的外貌。

交互动词与非交互动词的差别，既有语义角色数目的差别，也有语义角色关系不同的差别，交互动词中的两个体词性成分互为主体和客体，兼有两种角色身份，而非交互动词则只有一种角色身份。这类同义词组如：“吵嘴—顶嘴”“对抗$_1$—反抗”“赌气—负气”等。

以上格框架特征的异同可以通过构建谓词格关系分类数据库来提取。在这方面已有的研究成果有陈昌来对常用谓词的格关系分类，刘丹青、张谊生的交互动词分类等。本书第三章的研究成果在他们研究成果的基础上进行，很多同义词组内成员的格框架特征语义语法学家们未作分析，需要我们根据他们的思路补充出来，这样才能建立完善的格关系分类数据库，谓词同义词的语义角色关系差异详见第三章。

（二）格框架特征相同，语义角色的语义属性差异

格框架特征相同的同义词组是大多数，对这一类谓词同义词进行辨析，就要依次看承担各语义角色的体词短语（包括体词，下同）的语义属性，同义词组内的不同成员往往对承担相同语义角色的体词短语具有不同的语义属性要求。如“到达—达到”，组合框架都是“主体＋V＋客体”，他们的区别之一是充当客体的体词性成分的具体与抽象，“到达”是具体的，“达到”是不具体的。[21]

体词性短语的语义属性既有可能是语言知识，也可能是真实世界的知识，要做到穷尽性的描写是不可能的，本章仅从以下方面试作介绍，以下所列举的同义词组均来自张志毅的《简明同义词典》[12]和刘叔新的《现代汉语同义词词典》[13]，对体词性短语语义属性差别的说明很多参考了张志毅《简明同义词典》的研究成果，为了

行文的简洁并征求张先生的同意，我们并没有在行文中一一注出，在此对张先生的一切为了学术的无私表示感谢。

1. 体词性短语类型范畴的差异

类型范畴和人类对客观事物的分类相联系，原则上是无法穷尽的，这里暂举生命度、有生名词的社会地位、个人与团体(集体)、具体与抽象四个范畴加以说明。

(1) 体词性短语的生命度差别，主要体现在主体、客体两个语义角色上。同义词组内的各成员对名词性短语的生命度有不同的要求，表现为有生无生的差别，有生情况下人与动物、机关团体的差别。有生无生的差别如："低"[－有生]和"矮"[＋有生]、"指引"[±有生]与"指导"和"指挥"[＋有生]且必须是[＋人]、"奔走$_1$"[＋人]和"奔跑"(人之外还可以是动物和陆地交通工具)、"抑制$_2$" [－有生]与"遏制"[±有生]。以上是主体，客体有生无生的差别如："参观"[－有生]与"访问"[＋有生](组织机构被看作有生)。主体人与动物的差别如："肥$_1$"[＋动物]与"胖"[＋人]、"死$_1$"[＋动物]与"逝世、去世"[＋人]、"咬"[＋动物、人]与"叮"[＋动物]，对象人与动物的差别如"恐吓"[＋人]和"吓唬"[＋动物、人]、"歼灭"[＋人]和"消灭$_2$"[＋动物、人、无生物]等。

(2) 有生体词性短语社会地位的差别，这里的社会地位是主体与客体或与事之间的相对社会地位差别。如："表扬"[平辈、下级]与"表彰"[上级对下级]、"扶养"[长幼之间、平辈]与"抚养"[长对幼]与"赡养"[幼对长]等。

(3) 体词性短语具体与抽象的差别，如："混乱"[抽象]与"杂乱"[具体]、"宽敞"[具体]与"宽广/宽阔"[具体、抽象]、"指引"[具体、抽象]与"指导/指挥"[具体]主体方面有具体与抽象的差别，客体具体与抽象的差别如："驾驶"[具体]与"驾驭$_{1、2}$"[具体、抽象]、"交换$_1$"[具体]与"交流$_2$"[抽象]、"接收$_1$"[具体]与"接受$_2$"[抽象]、"到达"[具体]与"达到"[抽象]、"挑选"[具体]与"选择"[具体、抽象]等。

(4) 体词性短语个人与集体的差别，如："资助"[个人、集体]与"援助"(集体或政府行为)、"回顾"(可用于集体)和"回忆"、"救济"(政府行为)与"接济/周济"(个人行为，不能用于集体)、"愚蠢"和"愚昧"(主体是集体名词)，以上是主体个人与集体的差别，客体个人与集体的差别如："歼灭"[集体]与"消灭$_2$"[个人、集体]等。

2. 体词性成分数量信息的差别

交互动词要求充当主体的体词性成分必须是复数，非交互动词则单复数均可。

客体的单复数差别如："动员$_2$"（客体单复数均可）与"发动$_2$"（客体一般是复数、集体名词）、"克复"（客体单数）与"收复"（客体单复数均可）、"抬"（主体复数）和"提"（主体单复数均可）（英语是同译词 carry）。

3. 体词性成分评价特征的差别

评价特征的参数主要有"好/不好（坏）"、"真/非真（假）"等[62]。"好/不好"是广义上的，包括"善/恶"、"利/害"等"积极/消极"的评价意义。有的体词性成分，语言社会团体对其评价是积极的，有的是消极的。如："克制"[消极客体]与"抑制$_2$"[消极、积极客体]、"顶"[消极客体]和"迎"[消极、积极客体]等，这种积极消极的评价有时候取决于一般的情理，是全人类共同的，有时候也不可避免地打上了社会和阶级、政治的烙印，如"上山下乡"与情理相悖的积极评价意义。"真/非真"也是广义上的，还包括"可实现/不可实现"等。有这方面差别的如："认为"[小句客体为真]与"以为"[小句客体为假]、"巴不得"[小句客体可以实现]与"恨不得" [小句客体不可实现][63]、"赞美"[受事的某方面属性特征为真]与"奉承"[受事的方面属性特征为假]。

4. 己他对立

从充当主体的体词性成分和客体所属者是否一致来看，有对自己和对他人的差别。如："庆贺"[对自己]与"祝贺"、"恭喜"[对他人]、"克制"[对自己]与"抑制$_2$"[对自己、对自身以外的事物]、"渴望"[对自己]与"希望"[对自己、别人]、"期望"[对别人]，"夸奖"[对他人]和"夸耀"[对自己]等。

另外，还有情感因素的差别，如是否愿意、是否积极主动，以及主体、客体、与事是否在场等，以上的表述带有举例介绍的性质，对于格框架特征相同的谓词同义词的语义属性差别的研究，这方面的研究是本书的中心、核心，详见第四章。

三、基于该框架的谓词同义词辨析的优势与不足

（一）该框架在当代词义描写方法理论格局中的定位

1. 该框架继承和完善了传统的同义词辨析理论

描写体词性短语的语义属性以区别同义词，是众多同义词辨析手册及同义词辨析词典的基本手段，一般用"适用范围""适用对象""适用场合""搭配关系"等名

称来表达大致对应于“主体的语义属性”“客体的语义属性”等概念，但是失之于术语混乱，且并没有很好的贯彻，特别是对主体的语义属性信息的观察，往往被忽略。

袁毓林先生在谈到配价语法和格语法的关系时说：“一个动词所能带的格的数目正是配价语法着力研究的主题，而一个动词所能带的从属名词的语义角色正是格语法着力研究的主题。”[47] 本书提出的基于语义角色的谓词组合能力和组合关系描写框架，既涵盖了配价语法的研究主题，又涵盖了格语法的研究主题，是在整合了配价语法和格语法的理论基础上提出来的描写框架。该框架根据人类的普遍认知来确定谓词所能够组合的语义角色，把观察语义角色的语义属性差异以显化同义词的差别作为自觉的主动的追求，除了可以纠正以往这方面的术语混乱、指代不清，观察结果凌乱、缺乏系统、不够全面的缺点以外，还可以显化以往在辨析时所用的“适用场合”“语义侧重”等术语的内涵，使辨析成果更直观，更易于把握。举例说明如下。

首先，基于该框架辨析谓词同义词可以显化“适用场合”上的差别。过去在词义辨析中所说的使用场合的不同，用语义角色的语义属性的描写能够得到更客观、更可感、更详细地说明，我们举“借—贷”为例。艾乐桐认为，二者虽然在账本上有方向上的区别，但是在日常交谈中没有，都有借出和借入两个方向。二者的区别在使用场合上，朋友之间用“借”，跟银行建立债务用“贷”，表示方向得用句法手段，即“给”“向”等词语标记。[64]

从语义角色的语义属性差异的角度，我们可以对“借”和“贷”的主体和客体做表 1-1 这样的描写。

表 1-1 “借”和“贷”的语义属性

<table>
<tr><th colspan="2" rowspan="2">语义角色 / 词目</th><th colspan="2">主体</th><th colspan="2">与事</th><th colspan="2">受事客体</th></tr>
<tr><th>人</th><th>机构</th><th>人</th><th>机构</th><th>钱</th><th>物</th></tr>
<tr><td rowspan="2">借</td><td>出</td><td>+</td><td>+</td><td>+</td><td>+</td><td rowspan="2">+</td><td rowspan="2">+</td></tr>
<tr><td>入</td><td>+</td><td>+</td><td>+</td><td>+</td></tr>
<tr><td rowspan="2">贷</td><td>出</td><td>—注</td><td>+</td><td>+</td><td>+</td><td rowspan="2">+</td><td rowspan="2">—</td></tr>
<tr><td>入</td><td>+</td><td>+</td><td>—注</td><td>+</td></tr>
</table>

注：社会生活的变化使得“贷”的词义也发生了变化，以前只有银行可以贷款，现在也出现了私人之间的贷款。表格中标注的是传统义项。

由表 1-1 可以看出,二者在适用场合上除了拿出资金的一方传统上“贷”不能是“个人”之外,两者在适用场合上并无太大的差别,随着社会生活的发展变化,这一差别也已经消失。二者最重要的差别是“行为目的”——是否产生利息,“借”建立债务关系的双方不收受利息,行为一般发生于朋友之间却并不限于此,两个陌生人之间出于信任也会发生,职员跟自己供职的单位之间,两个公司机构之间,都可以用“借”,只要不收受利息。“贷”区别于“借”最重要的语义特征是处于债务关系中的一方必须给另一方利息。新中国成立后改革开放以前的中国社会,“贷”的主体和与事的确如上表所描写的,但是最近的社会发展变化使得“贷”的主体和与事都发生了变化,已经不限于银行之间。

其次,基于该框架辨析谓词同义词可以显化“语义侧重”上的差别。以往我们辨析同义词的时候所说的“语义侧重”的差异,通过语义角色的语义属性类别的说明,可以使语义侧重由模糊变清晰。我们以“抱怨—埋怨”为例。对于二者的侧重点,刘叔新[13]、邓守信[65]都认为“抱怨”侧重于“不满”,“埋怨”侧重于“责备”。通过语料调查发现,二者对象角色有差异:“埋怨”一般用于对人,基本上不用于对物,而“抱怨”既可以用于对人,也可以用于对物,而且大量的用于对物上。我们对“埋怨”对物的用例逐一观察,发现这些用例都可以换成“抱怨”,有一些例子明显用“抱怨”会好一点,更符合语感,可见,“埋怨”对物有较大的限制。而“抱怨”用于对物没有任何限制,通过对客观存在的环境、条件、情况(工资低、物价高、好电视剧太少、公共汽车拥挤……)的诉说,使自己的“不满”得以表达。这些数据正与同义词典和辨析手册里说的词义侧重点相吻合——“责怪”对象是人,“不满”的对象基本上是对物。[66]

第三,以往同义词辨析往往只用“语义轻重”去解决全部的问题,在辨析的过程中,把好多同义词的差别仅仅处理为“语义轻重”上的差别,如“优良—优秀—优异”“轻视—鄙视—蔑视”“请求—恳求”“努力—竭力”等。我们看到,这些同义词的确有语义轻重的差别,但是又不仅仅是语义轻重的差别,一个有力的客观证据是,这些词往往不能换用,说明它们除了语义轻重之外,还有其他方面的差别,从语义角色的语义属性视角来看,语义轻重的处理结果是不完善的,它们各自的语义角色的语义属性上都有差别。“优良—优秀—优异”的差别符淮青已有描写,此不赘述。[67]我们在此以“轻视—鄙视—蔑视”为例,来说明这一问题。

不论从对象客体的有生无生还是感情评价上，“轻视”都和“鄙视/蔑视”表现出了明显的差别，“轻视”的客体既可以是有生的人、动物，也可以是无生的(轻视问题、现象)，“鄙视/蔑视”客体一般只能是人或人的行为；从感情评价的角度来说，言语行为主体对“鄙视/蔑视”对象的感情评价是贬义的、消极的、认为不好的(权贵等)，因此，“鄙视/蔑视”动作行为本身被认为是应该的，经常与“敢于”等表示肯定动作行为的词连用，而“轻视”的客体则不具有这样的感情评价，动作行为本身被认为是不应该的，一个明显的例证就是“轻视”不能同“敢于”连用，而经常和“不/没”“别/不要”同现被否定。其他同义词词典上仅仅处理为语义轻重差别的谓词同义词组，往往能够从语义角色的语义属性角度找出差异。

2. 该框架与段玉裁的同义词辨析实践

清代段玉裁在同义词辨析和汉语词义的描写上达到了后人难以企及的高度，他的描写精密、准确而又线索清晰，易于把握。段玉裁之所以能取得这样高的成就，和他所用的方法的科学性是分不开的。段玉裁在辨析同义词时所用的方法与我们今天所提出来的基于语义角色的同义词差异辨析是相通的，他在描写同义词的差别时紧紧抓住相同语义角色关系的体词短语的语义属性差异这一线索进行描写，在我们今天看来，他除了没有指出主体、客体、工具、材料、处所等差异项(语义角色)的名字，他做所的同义词的辨析工作就是寻找相同语义角色关系的体词短语的语义属性差异，对同义词的差异进行解说遵循以下线索。

(1) 以主体的语义属性差异为线索

“芳—香”：

《香部》：“香，芳也。”段注：“《艹部》曰：芳，草香也。芳谓草，香则泛言之。”[68]

用我们今天的话来说，“芳”的主体仅仅是草(植物)，而“香”的主体可以是一切有好气味的事物。

“薨—猝”：

《死部》：“薨，公侯猝也。”段注：“(歺部)曰：大夫死曰猝。此不言公侯死，而言公侯猝者，欲见分别则惟大夫称猝，统言则不尔也。”[68]

用当代语义理论的术语来说，这个两词的主体不一样：“猝”的主体是大夫，“薨”的主体是地位高于大夫的公侯，“猝”可以通指士大夫以上地位的人死。

(2) 以客体的语义属性差异为线索

“嫉—妒”：

《人部》：“嫉，妎也”段注：“《离骚》注：害贤曰嫉，害色曰妒。如曰女无美恶，入宫见妒。士无贤不肖，如朝见嫉是也。浑言则不别。”[68]

用我们的术语来表达，就是“嫉”的客体是的人的才能，“妒”的客体是人的容貌。

“刻—镂”：

《刀部》：“刻，镂也”。段注：“《金部》曰：镂，钢铁可以刻镂也。《释器》曰：金谓之镂，木谓之刻。此析言之，统言则刻亦镂也。……”[68]

用我们的术语，“刻”的客体是木头，“镂”的客体是金属。

“扫—拚”：

《巾部》：“帚，……”。段注：“……《少仪》曰：泛扫曰扫，扫席前曰拚。此析言之也……”[68]

“扫”的客体是任何事物；“拚”的客体是席前。

(3) 以处所的语义属性差异为线索

“时—行—步—趋—走—奔”：

《行部》：“行，人之步趋也。”段注：“步，行也；趋，走也。二者一徐一疾，皆谓之行，统言之也。《尔雅》：‘室中谓之时，堂上谓之行，堂下谓之步，门外谓之趋，中庭谓之走，大路谓之奔。’析言之也。”[68]

段氏的辨析除了指出其速度上的差异，抓住了其处所差异：室中、堂上、堂下、门外、中庭、大路。

(4) 以材料的语义属性差异为线索

“浇—沃”：

《水部》：“浇，渼也。”段注：“沃为浇之大，浇为沃之细，故不类厕。凡醲者，浇之则薄，故其引申为薄。”[68]

换用语义角色术语，意思是“沃”用的是大水，“浇”用的是小水。

(5) 以方式的语义属性差异为线索

“翱—翔”：

《羽部》：“翔，回飞也。”段注：“……高注《淮南》曰：翼上下曰翱，直刺不动曰翔……按：翱、翔统言不别，析言则殊。……”[68]

(6) 以工具的语义属性差异为线索

“儋—负—任—何”：

《人部》：“儋，何也。”段注：“儋，俗作擔……韦昭《齐语》注曰：背曰负；肩曰儋；任，抱也；何，揭也。按：统言之，则以肩以手以背以首皆得云儋也。”[68]

换用语义角色术语，意思是工具角色为后背、肩膀、怀抱等的不同。

段玉裁先生除了类别信息的差别之外，还充分注意到了主体与客体等语义角色社会地位的差别，数量信息的差别。

主体社会地位差别的如“薨—殚”。

“薨—殚”：

《歺部》：“殚，大夫死曰殚。”段注：《礼记·曲礼上》：“天子死曰崩，诸侯曰薨，大夫曰卒，士曰不禄，庶人曰死。”[68]

客体社会地位差别的如“嫁—适”。

“嫁—适”：

同指女子出嫁。《说文》：“嫁，适人也。”段注：“《丧服经》曰：‘嫁于大夫曰嫁，适士庶人曰适。’此析言也，浑言之皆可曰适，皆可曰嫁。”[68]

从语义角色中所蕴含的数量信息说解同义词的差别的如“统—纪”。

“统—纪”：

《系部》：“纪，别丝也。”段注：“……别丝者，一丝比有其首，别之是为纪。众丝皆得其首，是为统。……”[68]段玉裁很好地抓住了客体单复数的差异。

段氏在《说文解字注》中专辟“浑言(泛言)、析言”为一类，用来分析谓词的语义。所谓“浑言”“析言”从深层语义关系的角度来说，是就动作行为性状的系属者——主体(施事、系事、经事、致事等)及动作行为的客体(受事、成事、对象)来说的，“浑言”即所论及的主客体等角色是某一类事物，由集体名词充当，若没有专门的集体名词，而用了无标记的普通名词(名词的光杆形式)，则该名词是通指(关于通指的概念请参阅陈平《释汉语中与名词性成分相关的四组概念》[69])。所谓“析言”即主体或客体是该类事物下的个体或子类，一般不能由集体名词充当，名词若用了光杆形式，常常是单指。

如：刻(浑言、析言)——镂(析言)

从以上分析中我们看到，段玉裁的辨析与基于语义角色的同义词辨析框架相吻合，基于该框架辨析谓词同义词，是对段玉裁的同义词辨析理论的借鉴和继承。

3. 该框架在当代词义描写理论中的功能定位

基于语义角色的谓词组合能力和组合关系的描写框架，显示了谓词作为语义算子组配体词上的差别，这一框架将组合能力和组合关系的差异考虑进来，使我们对谓词同义词的辨析更有层次性和针对性，更易于操作。对谓词同义词的辨析，可以按照语法功能、组合语义关系（语义角色）、语义属性三个优先性由高到低的层级进行。语法功能的差别是最具体可感的，也是首先要观察和描写的，其次是语义组合关系，在相同的语法框架下查找其语义组合关系的差异，最后才是语义属性。语法功能的差别项是主、谓、宾、定、状、补六个，语义组合关系的差别项虽然各家对语义角色关系的归纳并不统一，但是，各家归纳均未超三十个，语义属性和自然世界的知识相联系，从理论上说，可能的差别项是无限的。

利用该谓词组合能力和组合关系描写框架，把寻找谓词同义词差异的过程最终归结到谓词所联系着的体词性短语的语义属性上，而对于体词性短语的语义属性的分析和把握正是义素分析法所擅长的，并且已经积累了丰富经验。正是在这个层面上，让义素分析法发挥它的威力，这样，描写框架和义素分析法一在谓词的领域发挥作用，一在体词的领域发挥作用，二者在功能上互相补充、互相协调，共同服务于在谓词同义词的差异分析描写。汉语语言工程实践中“九〇五工程”也是这么做的，用义素分析法来分析事物类和时空类词语，以揭示其语义属性差别；用格语法的思想来分析运动类和属性类词语（谓词），以揭示其组合语义关系。[70]

（二）该框架的优势

从基于语义角色的谓词组合能力和组合关系的描写框架出发，比照这一框架来辨析谓词同义词，发掘相同语义角色关系下的体词性短语的语义属性差异，是当代语义学的前沿做法。现代语义语法关注的是“各名词短语主目和它们的谓词之间的关系，而不是名词短语的固有特性”，[1]郑定欧指出配价语法研究忽视了足句条件所要求的种种语义特征[71]，而我们要深入下去的正是在语义关系相同的情况下体词性短语的语义属性特点所决定的同义词的差别，我们的研究是对语义语法的有益补充。Firth 区分语言的系统与结构，把呈聚合关系即选择关系的语言形式界定为系统，把呈组合关系的语言形式界定为结构[72]，用该框架辨析谓词同义词就是从结构中研究系统。

1. 语义角色的数目相对封闭

语义角色的确定基于人类的认知，反映了客观世界的事理关系，虽然语义角色的名称和数目各家说法不一，很难统一起来，但是就理论上来说，其数目是封闭的，这就将研究和思考框定在一个有限的范围内。虽然它最后仍须将同义词的差别交由名词短语的语义属性这个开放的语义维度去解决，但是在考虑了差别项有限的语法功能与语义组合关系的差别之后，已经能够在很大程度上解决问题。角色数目的不统一对于句子语义结构的构建影响巨大，但是对谓词同义词辨析的影响却相对较小，我们对语义角色的确定基于词义，源于由谓词所激活的语义场景，语义角色的名称仅仅用来表达我们所观察到相同语法组合关系下的事理关系差异，只要能够把差异表达出来，叫什么名字并不重要。

2. 思维的着力点进一步缩小

同义词的辨析单位从词缩小到义项是一大进步，这样做“把比较的基础缩小到了较小的范围”[73]。以语义角色为辨析单位，既可以观察组合能力和组合关系的差异，又将对比的范围进一步缩小，相同义项的差别将由对组合成分的语义特征的描写来显示，既有迹可循，又避免了散漫用力。

3. 层次明晰具有可操作性

在前面已经表明，基于语义角色的谓词同义词辨析应该在首先理清了语法功能的差别之后，再来看相同语法组合框架下的语义组合关系的差异，当语法功能与语义组合关系都相同的情况下，才寻找谓词同义词所组合的体词性短语的语义属性的差别，最终解决问题并描写呈现观察结果。利用这种辨析方法的描写成果不再是句法、语义一锅煮，而是分出了明显的层次，线索明晰，具有很强的可操作性。

4. 描写成果具有客观性

基于语义角色的谓词同义词辨析，先找出语法功能的差异，再找语义组合关系的差异，最后分析名词性短语的语义属性的差异，原来所用的术语“语义侧重”、“适用范围”等差异将由名词性短语的语义属性特征描写来加以显化，描写成果有客观性。事实上，对于语法功能的观察、语义组合关系的观察，一般是不会产生研究者主观性渗透，传统同义词辨析方法上主观性的渗入主要体现在语义上，我们把这种语义的差别交由体词性短语的语义属性来显化，每个人辨析成果的综合将在语义属性方面实现加合和修正，而不是互相矛盾。

5. 具有人类语言的普遍意义

每一种语言都有这样的语义角色，基于语义角色的谓词语义描写框架切合人类语言语义生成的心理经验，是有跨语言的普遍方法论意义的同义词辨析方法、辨析思路。基于语义角色对词义结构作出的分析基于人类最基本的认知，语义角色也是机器翻译、双语或多语词典编撰的共同语义接口。语义角色的数目是封闭的，其引入语义研究正如同区别特征之于音位，它像音位区别特征突破了自然音节，深入语音的微观世界一样，使我们深入义项的微观世界内部。

（三）该框架的不足

1. 语义角色的名称和数目尚未穷尽与完善

语义角色从理论上来说是一个封闭的类，从现有的深层语义关系的研究成果来说，格关系的确定却不是那么简单，各家的名称和数目很不统一，最简单的是安德森(Anderson)的主格、被动格、方位格三分，最复杂的认为有多少个不同的介词短语就有多少个深层格。[48]菲尔墨的角色分类是13个[15]；袁毓林的分类是16个[49]；陈昌来的分类较为细致，他分出了29个语义格[50]；据彭玉海的介绍，俄罗斯的 ю. д. Апресян 共区分出了“主体、配动者、客体、对象、内容”等二十五类。[74]作为术语，要求内涵稳固，名称和数目的不统一会在一定程度上影响读者对辨析成果的把握。

2. 确立语义角色关系的依据尚有争论

确定语义角色关系的时候有两种对立的做法，一种立足于外部的客观世界，认为可以借助外部事件的分析来确定语义角色关系；另一种认为语义角色关系反映了人类的认识，与外部情景还是有一定的差别的。语言不是客观现实的简单复写，语言和现实之间存在着一个人类认知的中介。语义不是基于客观的真值条件，语义结构也不能简单地化解为真值条件的配列，它并非对应于客观的外在世界，而是对应于非客观的投射世界(projected world)，并与其中约定俗成的概念结构(conceptual structure)直接关联。[31]本书采取的立场是语义角色是客观外部世界与人类认知交互作用的结果，在分析语义角色的时候，既要参照客观世界的外部情景，又要分析具体的语言事实。

3. 无法反映时体情态信息

句子语义分为命题和情态两部分[15]，汉语是缺乏形态变化的语言，在对场景码化为谓词的时候，某些时体、情态信息也往往进入了谓词词汇语义之内，因此，与英语等形态语言相比，汉语谓词词汇语义中蕴含着较多的时体情态信息，汉语对时体情态信息很大程度上是用谓词来表达的，从这方面着眼辨析同义词也是一个重要的思路，举例说明如下。

“着想—考虑”：“着想”不具有持续性，“考虑”既可以用于具有持续性的情况，又可以用于不具有持续性的情况：

① *我正在着想。

② a 为你考虑，你还是不要去了。　b 为你着想，你还是不要去了。

“委的”在《元语言词典》列有三个义项，①的确、确实；②必定、一定；③到底。[75]第三个义项与我们今天要讨论的问题没有关系，前两个义项在认识上是相通的——义项①是表示加强语气，则表示一种肯定，义项②同样是表示肯定。如果我们把这两个义项各抽象成公式，就可以很明白地看出来。

委的①A $\xrightarrow{\text{意为}}$ =A

例如：～衔冤负屈 $\xrightarrow{\text{意为}}$ =衔冤负屈

委的②A $\xrightarrow{\text{意为}}$ =A

例如：有一路兵来～投我 $\xrightarrow{\text{意为}}$ =投我

由此可以看出，这两个义项语义上相通，都是表示肯定其后的性质或者事件（在上图中我们用等号来表示），要想真正区别这两个义项，必须指出他们各自包含的不同的语法信息，“委的”①是用在一般现在时的句子中，或者已经发生的事实上，而“委的”②则用在将来时的句子中或者表假设的句子中，事情没有发生，表示对事件的一种猜测、估计，而这种猜测、估计是100%实现，表达了一种肯定的信息。时态上的差别造成了我们感受他们时把他们当成了两个义项。

印欧语等形态丰富的语言里时体情态信息可以透过助词、助动词等动词外的有形成分加以观察，而在汉语里这些信息更多凝聚在谓词词义内，汉语的谓词不仅仅反映命题，而且反映时体情态信息。利用该框架无法观察谓词的时体情态信息，从时体情态上辨析谓词同义词的方法探讨及理论实践只能留待我们下一步去研究。

四、基于语料调查的实证方法

（一）语料库语言学的发展与谓词同义词辨析

现代语言学的一个显著转型是从主观内省、以研究者主观感悟为主要手段转向调查统计，用事实说话。在同义词辨析领域，语言事实尤为重要，重视语言事实一直是同义词辨析领域的优良传统。20 世纪 80 年代以前，同义词词典的编纂者们都注重手工搜集语料，然后总结语言事实，归纳同义词组内成员的区别，但是，由于手段所限，收集的语料数量是有限的。研究者往往苦于没有时间搜集到足量的、有代表性的语料而对自己的辨析工作不满意。随着计算机的介入，语料库语言学的兴起，大规模的语料检索早已成为可能，语料库语言学的发展使同义词辨析领域受益颇深，研究者们摆脱了效率低下的手工作坊式的语料收集整理，足量语料的获得不再成为耗时费力的问题。我们在语义角色框架下对谓词同义词差异进行观察分析将运用语料调查，从语义角色数目差别、角色关系差别、语义属性差别角度分析语言材料，然后将观察分析的结果用以上纲目统领起来。本书的研究工作意义不仅仅在辨析同义词方面，通过对与谓词组合的体词性成分（论元）的语义属性的描写，可以为计算机处理汉语提供比较充分的语义知识，为建设适量足用的汉语语义知识库做一些基础性的工作，满足机器翻译、信息抽取、快速检索等自然语言处理方面的需求，这一工作对于面向机器翻译的现代汉语语义词典的编撰，对于语言知识库建设有较大的参考价值。我们的具体做法如下。

首先，构建一个现代汉语语料库，这个语料库既应有足够的量，又应该有相应的质，成为能够反映现代汉语本质属性的一个样本。本着这样的要求，尽量选取广泛的语言材料，具体材料来源有以下三个：

①《人民日报》1995—2000 年共六年的语料，约 1.5 亿字，是作为新闻语体的代表；

②《作家文摘》1993—1997 年共 5 年的语料，约 1 300 万字，作为文艺语体的代表；

③ 自五四运动以来的现当代名家作品，共 7 700 多万字，作为以上两类语体的补充。

以上共计 2.4 亿字，该语料库达到了一定的规模，这些语料没有进行词语切分和词性标注，一切均为原始状态。

第二步，抽取研究样本。我们用 EmEditor Professional (6.0 版)从语料库中抽取用例。从以上语料库中第一次检索出来的例句往往成千上万，数量众多，不可能一一考察。为了从海量的用例中抽取出有代表性的语料，我们引入了随机数，从语料库中所查到的总用例不足 300 条的，全部考察。对超过 300 条不到 500 条用例的词目也全部考察，对用例超出 500 条的，用 MS Excel(2010 版)的随机数发生器从所有用例的数目中产生 300 个随机数，然后利用 MS Access(2010 版)去除重复数字，将去重以后的随机数导入 MS Access 数据库，将检索到的用例文本也导入同一 Access 数据库，然后将随机数表和用例表进行连表查询，抽取样本。这样，使我们的研究对象能够以少体现多，以部分体现全体，达到质与量的辩证统一。

第三步，以统计数据说话。最初的设想是将观察结果全部以统计数据的形式汇报出来，但是由于时间的关系，这样的统计数据只是做了一部分同义词组，带有样例示范的性质，对于研究范围内的其他的同义词组仍然只是简单的汇报。以往的同义词辨析，频率信息无法呈现，常拿 A 的常用义项跟 B 的非常用义项相比较。这对母语学习者来说，不会造成问题，但是对于第二语言学学者来说，往往会把二者的使用频率等同，给他们的学习造成不必要的麻烦。我们的统计数据将显示在某一语法功能或语义角色关系、语义属性特征下的用例数及其在总用例中所占的比例，从中可以显示出同义词的使用频率差别。吕叔湘在谈到同义结构“甲胜乙—甲败乙”的区别时，就使用了频率信息作为区别的手段，指出后者用于战争的频率远远高于前者。[76] 利用统计频率信息来显示差别，是同义词辨析客观性的体现，它至少显示了同义词组内成员的使用倾向。对频率信息的处理目前国内这方面可以借鉴的材料还少得很，现把做法说明如下：

(1) 在观察语料以归纳谓词的语义角色关系和每一角色的语义属性时，谓词单独作主、宾语无法提供这方面的语义信息，不在本书考察的范围之内，但动词、形容词短语做主宾语，则根据短语内谓词的语义组合类型和语法结构类型列入相应的统计类型中去。

(2) 谓词构造新词(如"动员"构造的新词"动员力""动员令"等)也不在考察的范围之内。如果发现由谓词构成的名词在抽样语料中占比重过大，为了让抽样语料尽量达到一定的覆盖面和代表性，将这些词从第一次检索到的文本中删掉，再重新进行抽样。

(3) 对多义项词的处理。由于本书使用的语料是没有经过切分标注的生语料，所以，经过随机抽样去重的用例包含该词多个义项，而对同义词的辨析是以某一义项为单位的，如果无关义项在抽样语料中所占比例过大，暂时没有更好的解决办法，只能手工分拣出需要的义项的用例，时间的限制没有从第一次检索的语料中再增加需要的用例，以凑足 500 之数。

(4) 存现结构将不进入频率统计的视野。这是因为存现结构的语义角色关系具有特殊性，存现结构的形成有时候必须打破动词原有的论元之间的语义结构关系，[77]彭玉海也指出存现结构具有其特殊性，需要专门的研究。关于存现结构的语义表达，本书在第五章中有详论。

(5) 对于反证的态度。在总结归纳语言事实的时候，遇到例外是难免的，这也就是为什么乔姆斯基把语言看作一个精确定义的系统存在问题的原因。在利用统计数据说话的时候，汉语语言学的一个优秀的传统就是"例不十，法不立"，与之相对的是"例外不十，法不破"，但是利用计算机对大规模真实文本语料库进行检索，找到 10 个以上的例外是非常容易的，在利用语料库检索用例进行归纳研究的时候，还应遵循冯志伟所提倡的另一个重要的原则："例过十，法未必立；例外过十，法未必破"。[78]这时，就需要用直觉去甄别，不回避例外。

(二) 对研究范围的界定与说明

本书所取的谓词同义词组大部分来自张志毅的《简明同义词典》，一小部分来自刘叔新主编的《现代汉语同义词词典》，另有一些是自组同义词，来自对外汉语教学实践，大都是使用频率较高而留学生们又感到困惑的。这些词也具有意义上的相同点，但中国人往往并不觉得是同义词，把这些词当作同义词的一个依据是认知

上的共同性，他们在留学生的母语中可能是同译词。比如："提—抬"(都对应于英语的"carry")、"有—在—是"(都对应于日语/韩国语ある(いる)/있다)。封闭的研究是必要的，但是，由于研究对象的开放性，本书只能做到一定程度上的封闭。本书的研究以实用为目的，为了给机器翻译及第二语言教学提供参考，因此先研究使用频率高的谓词同义词组的差异。《汉语水平词汇与汉字等级大纲》[79]所收的词汇具有较高的使用频率，在收录的过程中也经过较为严格的统计分析，可以作为选词的频率依据。本书的做法是，《简明同义词典》中的谓词同义词组，在《汉语水平词汇与汉字等级大纲》中也有的，一定研究，其他的适当纳入研究的范围。

（三）本书所用符号说明

为了行文的简洁，本书使用了以下的符号，其中大部分是汉语语法领域研究中所通行的，有一些是自己规定的，说明如下：

X　代表同义词组内成员的任一个体

Np　体词或体词性短语

Vp　谓词或谓词性短语

～　代替前文提到的谓词

P　介词

Sb.　代表某个人

*　代表后面的句子不能成立

?　代表后面的句子不太符合语感

/　表示该斜线前后的两个词处于相同的阵营，不存在下文所论及的区别

→　表示前者可变换为后者

*→　表示前者不能变换为后者

第二章　谓词同义词的语法功能差异

词是语言中能够自由独立运用的最小单位，语言学界越来越深刻地认识到研究词不仅要研究词义信息，而且要研究词义中蕴含着的语法信息。乔姆斯基转换生成语法的修正改进——最简方案加大了词库的权重，配价语法以谓词为语义算子（函数）研究其所能组合的名词词组（变量），这些与以往的基于结构的语法不同的研究思路，都反映了词内蕴含的语法信息越来越受到人们的重视。在这方面，韩礼德的观点值得关注，与传统的词汇、语法、语义三分截然不同，词汇是最精密的语法，在他的语言分层中，只有语法和语义两个层面，词汇和语法只不过是同一连续统（continuum）的两端而已[16]。谓词同义词的辨析当然应该包括语法功能差异。《俄语语法》早在20世纪50年代就曾精辟地指出："应当着重强调……语言是这样一个紧密统一体，它将其组成部分粘合成一个复杂体，以至对它的任何一种切分都是人为的，不能始终如一的。对语言语法的研究如要完全脱离词汇，不去考察语法和词汇的相互作用就将寸步难行。"[74]词汇语义研究也无法脱离语法。

张志毅先生在20世纪50年代也提醒人们辨析谓词同义词要从词性差异、构词能力、变化形式不同、句法功能不同等方面注意同义词的语法功能差别。[80]构词能力与本书研究宗旨的关系不大，我们在第一章已经排除在外。变化形式直观可感，我们也不作研究。词性的差异其实最终反映了句法功能的差异，所以我们从不同词性的谓词同义词的语法功能差异、相同词性的谓词同义词典型语法功能差异、谓词同义词能够进入的句型句式差异几方面来展开讨论。

一、不同词性谓词同义词的句法功能差异

关于不同词性的词能否构成同义词，国内长久以来一直争论不休。高庆赐、贡仁年、张弓、刘叔新等主张同义词必须词性相同，不同词性的词不能构成同义词；张世禄、陈炳迢、高名凯、谢文庆、梅立崇等主张同义词不必词性相同，不同词性的

词可以构成同义词。[81]本书对同义词的界定取宽泛的态度。至于哪几类不同词性的词可以构成同义词,梅立崇指出有动词与形容词(如吝啬—吝惜)、动词与离合词(如续娶—续弦)、形容词与副词(如公开—公然)[22],郭志良指出还包括“副词与名词”(如马上—现在)、“副词与代词”(如亲自—自己)[82],副词与名词组成同义词组最典型的是“刚(刚)—刚才”,“刚(刚)”是副词,“刚才”是名词。[63]跨词类的同义词还有动词与介词,如“通过—经过”;形容词与代词,如“所有——切”。我们对词性的判定以《汉语水平词汇与汉字等级大纲》[79]所标定的词性为标准(后文简称《大纲》),《大纲》未包含的词以詹卫东个人网站上下载的电子版“带词性标记的汉语词表”[83]为标准,该电子资料是根据北京语言学院出版社 1985 出版的《汉语词频的统计和分析》制作而成,用电子资料目的是为了检索方便。对词性差异的提取是利用了Access数据库。与本书有关系的主要有形容词与副词、动词与形容词的句法功能差异。本章及下文对谓词同义词语法、语义角色、语义属性各方面的观察来自于自己的语料调查,同时参考了《汉语动词用法词典》[84]《人机通用现代汉语动词用法大辞典》[85]《形容词用法词典》[86]《现代汉语实词搭配词典》[87],在后面几章除非必须,对这些参考资料将不再提及。

(一) 形容词与副词的句法功能差异

副词并没有纳入我们的研究视野,但是,由于这类差异牵扯到我们的研究对象之一的形容词,所以,在此略作分析。副词与形容词构成同义词,基于它们在作状语时的功能交叉。在作状语的情况下,二者有时很难分辨。但是形容词的句法功能比副词要丰富,比如副词与形容词组成的同义词组“偶尔—偶然”“忽然—突然”等前者是副词,只能做状语,后者是形容词,还可作谓语和定语、补语。再如:“尽情—尽兴”“公然—公开”“草草—草率”“永久—永远”等。具体到组内的每一个形容词,句法功能会稍有不同,有些形容词可能只有定语、状语、谓语、补语这几项语法功能的某一项或某几项,如“尽兴”就没有定语的语法功能。

(二) 形容词与动词的句法功能差异

形容词与动词构成同义词组源于它们共同的作谓语的句法功能。动词可以带宾语,形容词不能带宾语,即使是形容词和一价的动词构成同义词组,也还可能存在着自主和非自主的差别，形容词表示性质或状态，往往是非自主的，而动词表示动作行为，大多是自主的，[88]这决定着它们能否进入肯定式祈使句[89]。具有这方面差别的同义词组有"宽容—宽恕""吝啬—吝惜""合适—适合""精通—精$_6$""熟悉—熟$_4$"。还有一种情况是其中一个成员兼属动词和形容词，如"拘谨—拘束$_{1、2}$""谨慎—小心$_{1、2}$""明白$_1$—清楚$_{1、3}$""亲近$_{1、2}$—亲密""热情—热心"（"热心"有动词用法，《大纲》未标）、"先进$_1$—进步$_{1、2}$""忠诚—忠实""清楚$_{1、3}$—清晰" "完备—完善$_{1、2}$""满意—满足$_{1、2}$""辛苦$_{1、2}$—辛勤"。

本书的目的不是观察语法差别，而是为了观察语义角色的属性差异以辨析谓词同义词，为了不使观察散漫而无所凭据，为了将语义属性差异的观察置于相同的语法功能和相同的语义组合关系之下，本书在第一章里提出谓词同义词辨析按照先看语法功能、再看语义组合关系、最后观察语义属性的三个优先性由高到低的层级进行。本书的价值也体现在相同条件下的语义属性差异方面，基于研究目的，对语法差异的观察仅仅是纲领式的，带有点到为止的性质。

二、相同词性谓词同义词的句法功能差异

（一）谓词内的不同小类的句法功能差异

分类的标准不一样，分类的结果也就不同。传统上所说的及物动词、不及物动词就是对动词句法功能的分类。从动词能够组合的名词短语的数量分出一价动词、二价动词、三价动词等。从动词的语义类别上来分，又分为动作动词、致使动词、心理动词、性状动词、关系动词。[50]不同种类的动词其句法功能是不同的，比如：二价心理动词常常带小句作宾语，而一般动词很少带小句作宾语。对形容词的分类也有着眼于语义还是着眼于句法功能等不同标准。性质形容词和状态形容词是着眼于语义方面的形容词分类；非谓形容词、唯谓形容词、胡明扬先生所说的非定形容词，[90]是从句法功能方面的分类。下面我们谈一谈交互动词（相向动词）与非交互动词（非相向动词）的句法功能差异、自主动词和非自主动词的句法功能差异、自动词与他动词的句法功能差异、状物形容词与状动形容词的句法功能功能差异、区别词（非谓形容词）与一般形容词的句法功能差异、叙述性形容词与描写性形

容词的句法功能差异。

1. **交互动词与非交互动词的句法功能差异**

20世纪80年代以来,一类涉及的两个体词性成分互为主体和客体的动词(如和解、商量、吵架)引起了研究者的关注。朱德熙称之为对称性动词[91],刘丹青称为相向动词[92],袁毓林将之作为准双向(二价)动词的一类,称之为协同动词[89],张谊生[93]、徐峰[94]称为交互动词。我们暂采用能够反映这类动词的语义特点的“交互动词”这一名称来称呼。张谊生并且提出了一个交互动词的鉴别框架,凡是既能进入“Np1跟(和/同/与)Np2V”又能进入“$Np_{(1、2)}$ V”($Np_{(1、2)}$是Np1与Np2的联合、并列、指代后的合说形式)的都是交互动词”。刘、袁、张都对现代汉语里的交互动词作了穷尽性列举,从中可以看出,各家对交互动词的界定和理解并不一样。分歧之一是某些表示共同行为的集体动词“共事”“共度(春节)”“会演”等算不算交互动词。刘丹青(称为准相向动词)、袁毓林、张谊生认为是交互动词,张谊生对交互动词的定义就是“凡是在语义上要由两个方面的人或物同时参与才能实施的动词就是交互动词”。[93]但是,实际上,这些词所涉及的两个体词性成分之间并没有对称性的语义关系。另外还有“抬”“包围”都符合该定义,都可以进入上述的两个鉴别框架,但是,三位学者都不认为是交互动词。虽然这类词也要求实施动作的主体必须是复数,但是涉及的个体之间并没有对称性的语义关系,属于协同动词,朱德熙、徐峰的定义中就不包括这类协同动词,徐峰对张谊生定义的补充是:“凡在语义上要由两个方面或两个方面以上的人或物同时参与,且至少有两个事物之间存在对等动作关系才能实现或实施的动词,称之为交互动词”。[94]主体必须为复数的动词可能是交互动词,也可能是“抬”“包围”一类的协同动词。

汉语中复数主体参与谓词语义生成的模式有以下两种:一种是复数主体作为一个团体、作为一个整体单位与谓词发生关系,复数主体的每一个体并无独立的个体意义;另一种是复数主体中的每一个体分别具有独立的个体意义,分别与谓词发生语义关系。这两种不同类型的模式我们称之为合一性模式和离散性模式。同样,复数客体参与谓词语义生成时也存在着这两种截然不同的模式。在合一性模式中,复数体词的每一个个体都无独立的个体意义,它们总体作为一个单位参与到事件中;在离散性模式中,复数体词中的每一个个体都具有独立的个体意义,分别作为一个独立的单位参与事件中。

复数语义角色以哪种模式参与谓词语义，可能是由副词指派的，比如“都”和“也”就是具有这样功能的副词。研究表明，“都”不单单是一个全称量词，例证是它可以和“所有”“每”“各”等全称量词共现，而人类语言是不允许语义上的重复的，这种连用的一个解释是“都”还有其他的语义功能。研究者们认为“都”的重要语义功能是分配事件。[95]它离散复数论域，逐一提取其中的每一个体然后分配给后面的动词 Vp，直至周延。当“都”用在非疑问句时，其所作用的论域是事件主体，句法上对应着句子的主语，就是一般语法书上所说的“都”总括前部的语义功能；“都”用在疑问句中，其作用域是事件的客体，句法上对应于宾语，就是王还先生所指出的总括后面的语义功能。[96]“也”与之相反，即使其前面的体词性词组是复数，也必须作为一个整体与 Vp 发生关系。这样，汉语中的副词按照其对复数体词性成分的作用功能可以分为“离散性”副词和“合一性”副词。前者的代表是“都”，后者的代表是“也”。“离散性”副词要求其管辖论域的体词性成分必须是复数，而“合一性”副词对其管辖论域的体词性成分没有复数的强制要求，单复数均可。我们曾分析了“陆续”与“连续”对复数主体的不同作用情况，指出“陆续”既能离散复数主体，又能离散复数客体，而“连续”只能离散复数客体，对于主体来说，“连续”是合一算子（不考虑存现句的情况）。[97]汉语中处于“离散性”与“合一性”对立的副词还有“一齐（离散）—一起（整合）”等，其他的离散性副词有“分别”“逐一”“挨个”等。

决定复数主体以何种模式参与谓词语义生成的除了副词，还有动词自身。交互动词的主体必须能提供复数的语义信息，其中的个体独立参与谓词语义生成。交互动词可以如此变换：$N_{1,2}V \rightarrow N_1$和 N_2V。非交互动词不能进行这样的变换，即使是复数主体也合为一个整体参与谓词词义生成。如：“吵嘴—顶嘴”，前者是交互动词，后者是非交互动词，其复数主体和谓词的语义关系是不一样的。

① 小王和小张吵嘴了。→他们（小王和小张）吵嘴了。（“吵嘴”将复数主体“他们”离散为两个独立阵营）

② 小王和小张顶嘴了。*→他们（小王和小张）顶嘴了。（该句若要成立，小王和小张须共为一方，“顶嘴”对复数主体“他们”没有离散功能。）

某些交互动词如“结婚”有特殊用法，其主体可以是单数（他结婚了），具有这种用法的交互动词还有“成家”“打架”“吵架”“互生”“对生”“合群”等，此时，交互动词已经由表动作行为转变为表示主体的某方面属性。其中，“互生”“对生”“成家”“合群"更是一般以表属性的用法出现,表属性的用法占了上风。比如"他们成家了",如果"他们"包括"小王"和"小李"两位成员,读者对该句子的反应并不是"小王"和"小李"作为婚姻的双方,而是二人具有"已婚"属性,结婚的对象则另有其人。严格来说,"成家""合群"不能算作交互动词,它们是说明一个人某些方面的属性,相当于形容词,从以下分析下可以看出。

(1) 前面很少有复数主语,即使有,也是说明复数主语中每一个个体的属性。

③ 他们成家了。(意为"他们"都具有"成家"这一属性)

(2) 不能进入 N_1跟(跟是介词)N_2V 这一框架中。

④ 他跟小王成家了。(一般理解为对他、对小王是否结婚的属性说明,要表达的意思是他、小王现在不是单身,而不是他与小王结婚成为两口子。)

相反,"成亲"则很少作为一种对事物的属性说明来运用,而一般用作一个交互动词。相当多的交互动词和"成亲"一样没有表属性的用法,比如"成婚",这是其与"结婚"的较大区别。

把刘丹青(496 个)、张谊生(516 个)、袁毓林(308 个)的交互动词表取其合集,得到 739 个交互动词,然后去除其中我们认为的非交互动词(拉平、拉手、两可、两难、两歧、临别、拍板、同化、为伍、无干、涉及、撞见、断绝、夹攻、挂钩、勾搭、交口、亲近、脱离),得到了一个交互动词数据表,用 MS Access 与张志毅谓词同义词表、刘叔新谓词同义词表进行连表查询,提取出具有交互动词与非交互动词差别的谓词同义词如下(前为交互动词,后为非交互动词):

"斗争$_1$—奋斗""会见—接见""聚集—聚积""亲密—亲昵""脱节—脱离""深厚—浓厚"(都是联系到的属性方面 N_2 不可省略的形容词,如"他们的感情很深厚""他的兴趣很浓厚",但是"深厚"是交互动词,"浓厚"是非交互动词。)(以上来自《简明同义词典》)"接触—触""谈—道/叙""调笑—耍笑/戏弄""休战—停战""预约—预定""赌气—负气""对抗—反抗""合计(一)—总计""接近—靠近""合计(二)$_2$—盘算/算计""亲近$_1$—亲切"。(以上来自《现代汉语同义词词典》)

2. 自主动词和非自主动词的句法功能差异

自主动词(volitional verb)与非自主动词(nonvolitional verb)是马庆株先生借鉴藏语动词自主与非自主词根的不同内部屈折对汉语动词所作的语义分类。自主动词表示的是主体的意志性动作行为，是主体“有意识的或有心的动作行为”，非自主动词表示的是“无意识的、无心的动作行为”，“也表示变化和属性”。[88] 自主与非自主是动词的认知语义分类，反映了动作行为是来自主体的能动意志还是主体处于被动状态的来自客观环境的强迫赋予（遭际、变化）。自主与非自主这一对语义范畴的对立不仅决定着动词的句式差异，而且同时决定着动词其他很多方面的句法功能表现。马庆株从时态（与“了”“着”的共现关系、能否重叠）、语气（与“吧、吗、呢”的共现关系）、否定（对“不—没”“别—甭”的选择）、与某些方式副词的对立、与各类量词的对立、与前导动词“加以”“进行”“予以”等的对立、与能愿动词的对立、以及充任补语成分的对立等方面进行了详尽观察。具有自主与非自主对立的谓词同义词组见本章三、句型句式差异（二）。

根据马先生的分析，自主动词与非自主动词的对立不仅可以辨析谓词同义词组，而且可以辨析与之相关的其他词类的同义词组，很多意义相近的副词同义词在与谓词的组合上存在着与自主动词或非自主动词组合的分布对立，马庆株先生分析过的有副词同义词组“不—没”“别—甭”“立刻—马上”。

“不—没”：

自主动词可以用“不”“没”否定，“不”否定意志，“没”否定动作的发生；非自主属性动词用“不”、非自主变化动词用“没”否定。

“别—甭”：

“别”既可以与自主动词又可以与非自主动词组成否定祈使句，“甭”则只能与自主动词组合，不能与非自主动词组合，是意志性否定副词，其最合适的反义词是“要”。袁毓林也注意到了二者与自主和非自主动词的组合差异，[89] 对二者的差异进行了详细的分析。

“一再—再三”：

在非自主动词前面，只能用“一再”，不能用“再三”。[98]

量词同义词组：“趟/遍/番—次/场/回”等，前者只能出现在自主动词之后，后者没有限制。

3. 自动词与他动词的句法功能差异

同义词组内成员有的是自动词，有的是他动词，自动词不能带宾语，他动词可以带宾语。具有这方面差异的谓词同义词组有“背叛—叛变”“谄媚—献媚”等。

“背叛—叛变”：他背叛了朋友。　　　　　　＊他叛变了朋友。

“谄媚—献媚”：他谄媚经理。　　　　　　　＊他献媚经理。

“献媚”言语行为对象必须用介词“向”介引放在动词前做状语；“谄媚”言语行为对象置于动词后作宾语。

“斗争$_{1、2}$—批判”：

都涉及到对象客体角色，但是“斗争”的对象客体只能放在动词前面，句法上是不及物动词，而“批判”的对象客体只能放在动词后面，句法上是及物动词。

“警惕—警戒$_2$”：警惕腐朽思想的侵袭。　＊警戒腐朽思想的侵袭。

“夸大—夸张$_1$”：他主观夸大了事实。　　＊他夸张了事实。

“揭露—暴露”：他揭露了敌人的阴谋。　　＊它暴露了敌人的阴谋。

“消灭—消逝/消失/消亡”：解放军消灭了蒋家王朝。

＊我消逝了他的声音。

＊解放军消失了蒋家王朝。

＊农民起义消亡了清政府。

“脱离—脱节”：别脱离实际(群众、现实……)。＊别脱节前面的内容。

“考虑——着想”：我正在考虑这个问题。　　＊我正在着想这个问题。

自动词其内部情况并不一致，有的自动词只涉及到一个体词性成分，而有的涉及到两个体词性成分，只是主体之外的第二个体词性成分不能出现在谓词之后作宾语，而只能出现在谓词之前。如“脱节”“担忧”等。

4. 状物形容词与状动形容词的句法功能差异

按照其所表示的性状所系属的主体是事物还是动作行为，形容词可分为状物形容词和状动形容词。周国光解释了“合情合理”与“偏听偏信”这两个结构类似的成语在进入表示强调动作行为某方面属性情况的“是……的”格式时的对立，[99]指出其原因是“合理合理”是状动形容词，因而可以进入，但“偏听偏信”是状物/人形容词，因此不可进入。张国宪把形容词分为“表物形容词”和“表行形容词”，指出表物形容词“分布在空间、度量、色彩、年纪、属性、评价、情貌等语义领域”，表行形容词分布在“时间、速度、方式、程度、情状、频度等语义领域内”，并且分析了二者的句法功能差异：表物形容词和定语、表行形容词和状语、补语之间存在着“自然关联”，是无标记的，违背了这些组配原则的组合是有标记的，是形义扭曲构造，是语用推动下的句式变换，具有“恒久与临时”“有意与无意”“主观与客观”等深刻的语用动机，“‘动词＋补语$_{表物形容词}$’组合的实现是句法挤压的结果”。当然，人类认知从具体表物到抽象表行的扩张也使得一些形容词既可以表物，又可以表行。[6]我们对语义角色和语义组合关系的观察以从认知基础上能够推导为前提，对于有标记的带有语用动机的“扭曲构造”，除了特别稳固者之外，我们一般不作考虑，这样，我们可以说，一组同义词如果处于“状物形容词”与“状动形容词”的对立，那么，其句法功能上则具有“定语”与“状补语”的对立。具有这方面差别的形容词如下（前者是状物形容词，后者是状动形容词）。

“坚定$_1$—坚决”：

张志毅辨析二者时所列的“坚定$_1$”主体是“立场、观点、信念、志向、目光等”；“坚决”形容的是“支持、反对、拥护、打击、斗争”[12]。从张志毅先生的列举来看，我们很容易看出来二者的差别：“坚定$_1$”主体是名词性的事物，是状物形容词；“坚决”形容的是谓词性的动作行为，是状动形容词。认知语义的不同，带来了二者在句法功能上分布的差异，“坚定$_1$”主要做定语、谓语，而“坚决”主要做状语。例如我们不能说“坚决立场”“坚决观点”……，一般也不能说“坚定打击”……，但近年来，“坚定”出现了作状语的用法，这是人类的认知导致的性状语义扩张的结果。

⑤ 坚定（不移）地贯彻……

“坚决”表行的用法也扩张到表物上，但仅限于描写“态度”“立场”等。

“坚强—顽强”：

除了都能作谓语之外“坚强”主要做定语，“顽强”主要做状语，不过，“顽强”性状的语义扩张使他也可以作定语（顽强的斗志、顽强的精神），但是“坚强”的语义局限在事物的范围内，未扩张到性状领域，不能出现在状语位置。

“美满—圆满”：

除了都能作谓语之外“美满”做定语，不能在状语的位置；“圆满”主要做状语，不过，“圆满”性状的语义扩张使他也可以作定语（圆满的答案、圆满的结局）。

“诚实—诚恳”：

除了都能作谓语之外“诚实”主要做定语，“诚恳”主要做状语，不过，“诚实”性状的语义扩张使它也可以作状语(诚实地回答),“诚恳”性状的语义扩张使它也可以作定语(诚恳的态度)。

“古怪—奇怪$_1$”:

除了都能作谓语之外“古怪”只能做定语,不能做状语,是单纯的状物形容词;“奇怪$_1$”可以出现在定语、状语的位置上,性状的语义扩张使它既是状物形容词,也是状动形容词。

“可惜—惋惜”:

“可惜”的主体是动作行为,因此常做谓语(扔掉可惜、失去这个机会可惜)、补语,是状动形容词;“惋惜”的主体是“心情”“口气”“表情”等物,是状物形容词。

“周到—周全”:

二者都既可以用于考虑、计划等思想内容,又可以用于照顾、服务等对人的举止。它们的差别是“周到”“更多、更适合用于第二类对象”,“周全”“更多、更适合用于第一类对象”。[100] 通过对语料的调查,我们发现,“周到”是状人形容词,形容人的属性,“周全”描写的是人的动作行为,是状动形容词。性状的语义扩张使“周到”也可以形容动作行为作状语;而“周全”也可以作定语,不过不是用来修饰的人的,如:

⑥ a 这个人很周到。　　b * 这个人很周全。/这个计划很周全。

⑦ a 他想得很周到。　　b 他想得很周全。

“活泼—活跃”:

除了都能作谓语之外,“活泼”主要做定语,是状物形容词,“活跃”还可以做状语,是状动形容词。

另外具有这方面差异的还有“充分—充足”“含糊—模糊”“公正—公道/公平”等,举例从略。

5. 非谓形容词与一般形容词的句法功能差异

汉语里有一类较为特殊的形容词,不能作谓语,不能受“很”“不”修饰,一般作定语,少数可以作状语,吕叔湘称为“非谓形容词”[101],朱德熙称为区别词[91]。李宇明先生对非谓形容词的词类地位做了说明,他指出,非谓形容词在空间性、程度性、时间性三个维度上的值都趋近于零,分别有别于名词、形容词和动词,处在这三类词的临界点上。[102]一般认为区别词是表示事物属性，所以非谓形容词大部分属于状物形容词，但是，一部分非谓形容词可以修饰动词，朱德熙认为是该类词和副词的兼类。另外，非谓形容词内部在作定语时用不用“的”也不统一，大部分可以用，有的不能加“的”。

“主要—重要”就是属于非谓形容词与一般形容词差别的典型例子。“主要”是非谓形容词，不能作谓语（ * 这个问题很主要），不跟程度副词/否定副词共现（ * 这是很主要的工作。），一般作定语；而“重要”是一般状物形容词，可以作谓语，可以与程度副词共现，也可以作定语。

“著名—有名”也是这方面典型的例子，“著名”是非谓形容词，不能作谓语，不能与程度副词、否定副词共现，一般作定语；而“有名”是一般状物形容词，可以作谓语，可以与程度副词、否定副词共现，可以作定语。

属于非谓形容词与一般形容词差异的同义词组还有（前者为非谓形容词，后者为一般形容词）：

“心爱—可爱”“自动—主动”“机密—秘密”“永久—永远”“整个—全部”（以上来自张志毅）

“分外—格外/特别”“廉价—便宜/低廉”（以上来自刘叔新）。

6. 叙述性形容词与描写性形容词的句法功能差异

朱德熙先生将形容词分为简单形式（甲式）和复杂形式（乙式），他认为在现代汉语的形容词里，性质与状态两种概念的区别构成一个语法范畴——性状范畴。甲、乙两类成分正是表示这个语法范畴内部两种对立的概念的语法形式。[103]朱先生指出“甲式和它对应的乙式的区别，不在基本的词汇意义上，而在抽象的、概括的意义上，即前者表示的是性质，后者表示的是这种性质的状况或情态”。从表物形容词的角度来看，甲式表示性质没有问题，但是，若从表行形容词（如“快”“早”）的角度来看说是表性质就有点不合适了。其实，这两类形容词存在着语用功能的差异：前者是叙述性的，后者是描写性的。按照朱先生的分析，甲、乙两类形容词语法功能上的一个显著差别是与数量成分的前后顺序，甲类只能放在数量量词后面，乙类成分则前置后置都可以。[103]具有这类差异的同义词组有“雪白—白$_1$”“漆黑—黑$_1$”“通红—红$_1$”“碧绿—绿$_1$”等。

（二）谓词个体的典型句法功能差异

1. 动词的典型句法功能差异

从总体看，动词的典型句法功能是作谓语，但是具体到每一个动词，可能其句法功能是作谓语、作状语、作定语、作补语都不一样。比如“强制—强迫”，“强制”可以作状语，“强迫”不可以。“强制＋V”和“强迫＋V”反映了不同的语义角色关系。“强迫＋V”中，“V”一定是客体发出来的，即使客体角色不出现，也是蕴含在句义中，如“强迫劳动”、“强迫改造”；“强制＋V”有两种情况，一种和“强迫”一样，“V”是客体发出来的，另一种“V”是主体发出来的，这时，“强制”作状语，指明“V”的性质，如“强制收取保护费”等。

某个谓词基本常用的、使用频率最高的句法功能是其典型句法功能，有可能与谓词总体在句法功能上所表现出来的倾向不一致。张国宪总结了动词的典型句法表现形式实现度的等级序列：谓语＞补语＞状语＞定语＞主语/宾语。[104]第一章已经谈到谓词做主宾语无法提供格关系角色和每一角色的语义属性信息，因此被排除在研究范围之外，如果一个动词的主要句法功能是作定语，那就是对动词典型句法功能的最大程度的偏离，我们发现了一些这样的动词。如“阔别”，主要用于定语的位置，下面是对“阔别”用法的详细说明。

刘丹青将“阔别”归入必须用介词引进对象作状语的 A_1 类相向动词[92]，实际上“阔别”的客体也可以在宾语的句法位置出现，应该归为 A_2 类：可以这样变换为：Np_{12} V→Np_1 VNp_2（他们阔别多年。→他阔别亲人多年。）“阔别”的后面一般要有表示时段的数量词（如已久、多年/日、N 年/载）与之同现，具体分为两种情况：①“阔别”后直接跟时量词语。②“阔别”后先出现客体宾语 Np_2 再出现数量词语。马庆株指出，瞬间动词后面接时段数量词表示动作发生后所造成的状态所经历的时间。[88] Np_2 和时量词的位置印证了“阔别”为瞬间动词。

在句法功能上，“阔别”和同现的数量词一起作定语、谓语，作定语时，有以下三种句式：

（1）式：阔别＋时量＋的＋Np_2（阔别多年的家乡）

（2）式：阔别＋Np_2＋时量＋的＋Np_1（阔别家乡多年的老王）

（3）式：P（介词）＋Np_2～时量＋的＋Np_1（与朋友阔别多年的老王）

作谓语时,有以下两种句式:

(1) 式:阔别+(Np_2)+时量(阔别家乡多年)

(2) 式:P+Np_2+阔别+时量(与亲人阔别多年)

统计数据如表 2-1(语料来自建语料库,扣除作主宾语的 5 例,共 311 例)。

表 2-1 "阔别"与时量词语同现情况

特征	无时量词同现			与时量词语同现						
	作定语	作谓语		作定语				作谓语		时量在前
		普通谓语	连动结构	(1)式	(2)式	(3)式	(4)式	(1)式	(2)式	
用例	11	1	4	200	21	1	31	32	6	4
所占比例	3.53%	0.32%	1.29%	64.30%	6.75%	0.32%	9.97%	10.29%	1.92%	1.29%
比例合计	5.4%			81.34%				13.50%		

说明如下:

"阔别"后无时量词语同现的仅有 16 例,仅占全部语料的 5.4%,这 16 例中,68.75%是作定语时,正常作谓语仅有 1 例:

⑧ 老先生,你给我带来了阔别的大海。

⑨ 那些衣着朴实的日本青年,阔别了家乡的亲人……

作谓语其余 4 例连动结构的都是"……阔别重逢",如果处理成固定用法,不与数量同现时,91.67%是作定语。

94.6%的用例中,"阔别"要有时量成分与之同现。只发现了 4 例时量出现于"阔别"前的用例,3 例作谓语,一例作定语,此类用法应该是语用强调。

⑩ 仿佛天亮梦醒就可到家,却十年阔别,未睹日新月异的故乡容颜。

⑪ 是你,是你,是你,三年阔别的你!

"阔别"作谓语的两种句式可以放在"后/以后/之后"前边表示时间,在统计时将其处理为定语,表 2-1 中的定语(4)式反映的就是这些用例所占的比例。当分析语义角色属性差异时,将根据语境还原其原本语义结构。"阔别"有无时量共现两种情况下作定语的比例高达 84.87%,可见其主要句法功能是作定语,特别是作其

主体 Np_1 的定语，比例高达 64.3%。

根据以上观察，“阔别—离别”的差异为：第一，“阔别”一般有时量成分与之同现，当“阔别”作谓语时，必须带时量成分；“离别”数量成分不是必需的；第二，“离别”常作谓语，“阔别”常作定语。

典型句法功能有差异的谓词同义词还有“敬爱—爱戴”。

“敬爱—爱戴”：

二者都偏离动词作谓语的典型句法功能，“爱戴”主要句法功能是作宾语（前面的谓语动词：获得～、赢得～、深受～等），“敬爱”主要句法功能是作对象客体的定语。表 2-2 所列是统计数据。

表 2-2 “爱戴”和“敬爱”的语法功能差异

功能 词目	定语		宾语		谓语	
	用例数	百分比	用例数	百分比	用例数	百分比
爱戴	42	11.32%	277	74.66%	52	14.02%
敬爱	304	87.36%	11	3.16%	33	9.48%

作对象客体的定语时二者对主体成分的依赖程度也不一样：“敬爱”不必须与主体成分共现，就可以独立作定语，当然，也有“我敬爱的……”的说法，但是，以不出现主体成分为常态；而“爱戴”需要主体成分的帮助，与主体成分组成主谓短语作定语，“爱戴”前有被动词“受”时，主体成分也可以删除。

“预定—预约”：

“预定”主要做定语，偏离典型用法。“预约”主要作谓语，带宾语，不能作状语。表 2-3 所列是统计数据。

表 2-3 “预订”和“预约”的语法功能差异

功能 词目	谓语		定语		状语	
	用例数	比例	用例数	比例	用例数	比例
预定	95	22.25%	323	75.64%	9	2.11%
预约	288	84.46%	53	15.54%	0	0%

“关切—关注/关心”：

二者句法功能不同，“关切”的典型句法功能是作状语、“关注/关心”的典型句法功能是作谓语，表 2-4 所列是二者各句法功能的数据统计。

表 2-4　“关心”“关切”和“关注”的语法功能差异

功能 / 词目	定语		状语		谓语		名词用法	
	用例数	比例	用例数	比例	用例数	比例	用例数	比例
关切	44	10.06%	141	32.27%	56	12.81%	196	44.85%
关心	143	29.18%	3	0.61%	280	57.14%	64	13.06%
关注	102	20.82%	2	0.41%	284	57.96%	102	20.81%

“复仇—报仇”：

“复仇”主要作定语(占总用例的 57.57%)，偏离动词的典型用法，“报仇”主要作谓语(占总用例的 82.80%)，符合动词的典型用法，表 2-5 所列是统计数据。

表 2-5　“复仇”和“报仇”的语法功能差异

项目 / 词目	定语	谓语			主宾语	固定用法	总用例
		带与事	带对象	其他			
报仇	38	283	7	225	3	66	622
复仇	232	47	17	72	35	——	403

“鄙夷—鄙视”：

“鄙夷”主要做定语，偏离典型用法。“鄙视”主要作谓语，带宾语。

“赌气—负气”：

“赌气”主要作谓语，“负气”不能作谓语，只能作状语，偏离典型用法。

“尊敬—尊重”：

“尊敬”除了作谓语还可作定语，偏离典型用法。“尊重”主要作谓语。

“请教—求教”：

袁毓林曾经指出二者在句法组合功能上的如下差异：[47]

⑫ a 我请教王老师一个问题。　　b * 我求教王老师一个问题。

二者都涉及疑惑者、问题、解惑者三个事件角色，分别对应于语义角色中的主体、客体、与事。差别体现在解惑者这个事件角色上，在“请教”一词中既可以用介词介引置于动词前面，又可以置于动词后，构成双宾语，在“求教”一词中只有一种组合位置。

袁毓林还指出了“指导—辅导”的语法功能差别，与“请教—求教”在语义角色的安排上类似。“辅导”可以带双宾语，而“指导”除了带小句宾语之外，不能带双宾语，与事必须用介词(具体是“给”)介引，放在动词前[47]

2. 形容词的典型句法功能差异

形容词可能作谓语，也可能作状语、定语、补语，这都是形容词的基本句法功能，不过不同小类，甚至相同小类的某具体形容词，其典型句法功能并不一样。如上文已经分析过的状物形容词作定语与状动形容词作状语的句法功能差异，区别词不能作谓语与一般形容词的句法功能差异。其中，做定语、状语时对“的”“地”的依存情况也不一样，有的必须带“的”“地”，有的可带可不带，有的不能带。与时态助词“着”“了”“过”的同现情况反映了形容词的情貌特征，每一个形容词的也不一样，这两项在《形容词用法词典》里都有较为详细的描写，[86]想了解这方面的详细信息的话可以查阅此书。谓词形容词个体典型句法功能(主要的语法功能)有差异的形容词如下：

“美满—圆满”：

二者都可以作定语、谓语，但是“美满”不能作状语、补语。“美满”的主要语法功能是作谓语、定语；“圆满”的主要语法功能是作状语、补语、谓语。

“仓促—匆匆”：

“仓促”主要作谓语、状语、补语，“匆匆”主要作“状语”、谓语，不能作补语。

“机密—秘密”：

“机密”不能作状语，“秘密”可以作状语。

“可惜—惋惜”：

都可以用在“感到”“觉得”等心理动词后，但“惋惜”一般做定语和状语，“可惜”一般做谓语、补语。

⑬ 这些饭菜扔掉太可惜了。(*惋惜)

⑭ 他死得太可惜了。(*惋惜)

⑮ 我们怀着惋惜的心情跟他告别。(*可惜)

⑯ 她惋惜地说：“这个好人死得太早了。”(*可惜)

"困苦—痛苦"：

"困苦(非感受谓词)"不能作状语，"痛苦(感受谓词)"可以作感觉动词的宾语，另外还可以作定语、状语、补语。统计数据见表 2-6。

表 2-6　"困苦"和"痛苦"的语法功能差异

功能 词目	定语		状语		谓语		补语		名词用法	
	用例	比例	用例	比例	用例	比例	用例	比例	用例	比例
困苦	103	28.85%	2	0.56%	42	11.76%	0	0%	210	58.82%
痛苦	101	21.09%	46	9.6%	85	17.75%	3	0.6%	244	50.94%

"尽情—尽兴"：

二者都可以作状语、补语，"尽兴"还可以作谓语，"尽情"不能作谓语。

"密切$_1$—亲密"：

"亲密"既可以作谓语，又可以作状语，"密切$_1$"只能作谓语(关系密切)，不能出现在状语的位置，若出现在状语的位置，其所描写动作涉及的客体将不再是人，成为义项 3：

⑰ 他们亲密地走在一起。

⑱ 密切注意事态的发展。

即使所涉及的对象是表人名词，该名词所表示的人也不具有能动性，凸现的是人作为物而存在的意义，仍然是义项 3：

⑲ 密切联系群众。

"荣幸—幸运"：

二者都常作谓语，"荣幸"居第二位的句法功能是作状语，很少作定语；"幸运"居第二位的句法功能是作定语，统计数据见表 2-7。

表 2-7　"荣幸"和"幸运"的语法功能差异

功能 词目	定语		状语		谓语		补语		名词用法	
	用例	比例	用例	比例	用例	比例	用例	比例	用例	比例
幸运	139	33.57%	43	10.39%	150	36.23%	2	0.48%	80	19.32%
荣幸	19	5.08%	68	18.18%	75	20.05%	0	0	212	56.68%

“周全—周到”：

二都可以作谓语、定语、补语，“周到”还可以作状语，“周全”不能做状语：

⑳ a……并向他周到地介绍地毯的生产工艺……

b＊……并向他周全地介绍地毯的生产工艺……

“平常—平凡”：

二者都可以作谓语、定语，“平常”可以作状语，“平凡”一般不作状语。

三、句型句式分布差异

陆俭明先生指出了虚词“还是—或者”的句式分布差异，二者的词汇语义基本上是一致的，英语都是“or”，在汉语里以陈述句还是疑问句式为分布条件，“还是”用于疑问句，“或者”用于陈述句。[105] 这启发我们从句式分布上寻找谓词同义词的差异。谓词词汇语义差异决定了它们能够进入的句型句式有差异，本书尝试从祈使句、肯定句/否定句、把字句/非把字句等句型句式进行观察，从中寻找谓词的分布差异。

（一）用于祈使句与非祈使句的差异

谓词同义词组内成员有的可以用于祈使句，有的不能用于祈使句。“连忙—赶快”是具有这方面差别的副词同义词，“连忙”不能用于祈使句，“赶快”一般用于祈使句中，二者处于互补分布的状态。[106] 自主动词既可以用于肯定式祈使句，又可用于否定式祈使句，非自主动词则只能用于否定式祈使句（其实，此时的祈使句的语用意义已经发生了质的改变，伺后分析）。

“走漏$_1$—泄露—透露”：

“走漏”所代表的动作行为，不是行为主体能够控制的，里面不包含主体意志，是非自主动词，表现为它只能用于否定式祈使句而不能用于肯定式祈使句；“透露”是自主动词，可以用于肯定式祈使句；“泄露”是自主动词，但是自主义还不明显，是这一语义链中的过渡状态，表现为它经常用于否定式祈使句但是较难出现于肯定式祈使句，可以与“故意”连用，又表现出一定的自主义。

㉑ a＊去向他走漏消息！　　　　b 不要走漏消息！

㉒ a＊去向他泄露消息！　　　　b 不要泄露消息！

㉓ a 去向他透露一下(这个)消息！　　　　b 不要向他透露这个消息！

具有自主动词与非自主动词差别的还有(前者不自主,后者自主):

"知道—了解$_2$":前者不能用于祈使句,后者可以用于祈使句中。

㉔ a＊你去知道他的情况。　　　　b 你去了解他的情况。

"败露—揭露":＊败露他的阴谋！　揭露他的阴谋！

"流传—散布$_2$":＊流传这个消息！　把消息散布出去！

"弥漫—布满":＊弥漫房间！　布满地雷！

"感染$_2$—传染":＊你感染他！　你传染他！

"达到—到达":＊达到顶峰！　明天到达北京！

"阻碍—妨碍":＊别阻碍经济发展！　别妨碍我工作！

"阻碍—阻止":＊去阻碍他！　去阻止他！

"感动$_1$—激动$_1$":＊别感动！　别激动！

"鼓舞$_1$—鼓励":＊你鼓舞他！　去鼓励他！

"震动—振动":＊震动大地！　振动翅膀！

"自动—主动":＊自动一点！　主动一点！

"崩溃—瓦解$_2$":＊你马上崩溃！　你去瓦解他们！

"遍及—普及$_2$":＊遍及世界！　普及普通话！

"表明—标明":＊表明中国很发达！　标明价格！(其中,"表明"另有自主动词的用法:"表明态度"、"表明决心"等)

"暴露—揭露/披露$_1$":＊请暴露目标！　揭露敌人的阴谋！

"抵偿—赔偿":＊马上抵偿他！　马上赔偿他！

"疏忽—忽略":＊疏忽这个问题！　忽略这个问题！

"竖立—树立":＊竖立旗杆！　树立信心！

"树立"是二价动作行为动词,是自主动词,其客体是受事(树立理想、树立信心),"竖立"是一价性状谓词,是不自主动词。

"忽视—轻视":＊忽视敌人！　　　　战略上要轻视敌人！

“流露—透露/吐露”：*流露真情！　　向他吐露真情！

“停滞—中止”：*停滞经济发展！　　中止合作！

“脱节—脱离”：*脱节前一段(故事)！　　脱离父子关系！

“消失/消逝/消亡—消灭”：*你要消失/消逝/消亡！　　消灭他们！

“荫蔽—隐藏”：*荫蔽他们！　　隐藏起来！

“振奋—抖擞/振作”：*振奋精神！　　抖擞/振作精神！（抖擞/振作同时具有自主动词和非自主动词的用法。）

“增加—增添”：

“增加”有自主(致使动词)和非自主(性状动词)两种用法，“增添”只有自主动词的用法。

不仅动词具有自主非自主的差异，形容词也有蕴含主体意志和不蕴含主体意志的差别，前者可用于祈使句，后者不可用于祈使句。典型的例子是“普遍—广泛”。

㉕ a*在全国各地普遍推行！　　b在全国各地广泛推行！

“普遍”是对动作推行范围的客观描写，一般用于已经发生、已经存在的事件；“广泛”既可以用于客观描写，也可以用于表示主体意志，是意志性形容词，在时体信息上，既可以用于已然，也可用于未然。

如何判断动词是自主动词还是非自主动词成为问题的关键。我们将在后文讨论这个问题。

（二）用于把字句与非把字句的差异

二价动词可以用于把字句中，一价动词不能用于把字句中。当然，这里指的是常规的把字句，不包括“把个大牛死了”这样的非常规语用把字句。例如：“知道—了解$_2$”，“知道”不能用于把字句，而“了解$_2$”可以用于把字句中。

“暴露—揭露”：

前者为非自主动词，不可用于把字句，后者为自主动词，能够较自由地用于把字句中。

“躲—藏$_1$”：

“躲”后面体词是动作原因，“藏”后面是受事，因此，“藏”可以用“把”字句而“躲”不能用于“把”字句。

“着想—考虑”：

前者不能用于把字句，后者可以。

一般认为，把字句与被字句具有一定程度的对应关系，两种句式在一定的原则控制下能够互相转换，所以，自主与非自主的差别也同样控制着同义词在被字句中的分布。

前文所列具有自主动词与非自主动词差别的同义词组除了在进入祈使句时有差异之外，在进入把字句和被字句也有差异，自主动词能够较为自由地进入把字句和被字句，非自主动词不能进入把字句和被字句。

（三）用于肯定句和否定句的差异

有的同义词组内部成员相对于肯定/否定处于互补分布的状态，这方面已有的研究成果有副词“千万（肯定/否定）—万万（否定）”“历来（肯定/否定）—从来（否定）”“根本（否定）—基本（肯定/否定）”等，以肯定否定为分布条件的谓词有“谦虚—虚心”“巴不得—恨不得”等。

“谦虚—虚心”：

赵新认为“虚心”不能用与否定祈使句，[107]“谦虚”既可用于肯定，又可用于否定。

“巴不得—恨不得”：

《现代汉语八百词》认为“巴不得”可以接否定宾语，“恨不得”不能用接否定宾语。[63]梅立崇认为不符合语言事实，并且给出了“恨不得”用于否定式宾语的例子（她恨不能永远不再睁开双眼）。张先亮、唐善生二先生也撰文对《现代汉语八百词》关于二者的其他观点表示异议，[108]虽有争论，但作为较早用肯定和否定来辨析同义词的例证，具有方法论意义。

“动员$_2$—发动$_2$”：

“动员$_2$”后的小句宾语可用否定句，“发动$_2$”后的小句宾语只能用肯定句。

㉖ 宣传队员就在避风的地方设立鼓动点，动员部队不要休息。

㉗ *宣传队员就在避风的地方设立鼓动点，发动部队不要休息。

“非议—批评”：

“非议”指“责备”，多用于否定式；[109]“批评”肯定否定均可。

“振奋$_1$—振作”：

形容词用法的“振奋”多用于肯定，少用于否定，而形容词用法的“振作”只能用于否定，不用于肯定。

㉘ a 她精神很振奋！/ 她的精神不太振奋。 b *他精神很振作。/他不太振作。

"注意—警惕"：

"注意"后面直接跟谓词性成分可用肯定和否定，当其后谓词是积极评价意义（如"节约"）时，用肯定（注意节约），是消极评价意义时用否定，不能用肯定。"警惕"后面的谓词性成分一般用肯定。

㉙ a *注意感冒！　　b 警惕腐化堕落！

㉚ a 注意别感冒！　　b *警惕不要腐化堕落。

而同义的"小心"则肯定和否定均可。

㉛ a 小心感冒！　　b 小心别感冒！

（四）自主动词和非自主动词的判断标准

在上文中我们看到，自主动词与非自主动词的对立具有如此重大的意义，拿出一个客观而又易于操作的标准来判断二者也就显得尤为重要。在区分自主动词与非自主动词必须注意的是汉语缺乏形态变化，很多动词其实同时表示自主义和非自主义，比如："丢—掉—扔"是一组同义词，"扔"只有自主的用法，"掉"只有非自主的用法，将这两个意义差别比较大的词作为桥梁联系起来使人觉得二者同义的是"丢"，它既有自主的用法（把垃圾丢出去！），又有非自主的用法（钢笔丢了。），这从本章三、（一）中自主与非自主动词的举例中也可以看出。还要注意的一种情况是从历史发展的角度看，自主动词和非自主动词可以互相转化。汉语没有形态变化，某些语法意义往往依附于谓词上去表达，久而久之，语法意义融入了词汇意义当中。完成义与自主义是互相排斥的，当完成义成功地浸润入自主动词的词义之后，自主动词也就变成了非自主动词。这方面的一个典型的例子是"断"，按照《说文》的解释，原来是自主动词，在语言使用中的一个常用用法是施事主体隐去，动词超越其本身的词汇语义构成存现句表示事物的存在状态，久而久之，该活用用法成了常规用法，取代了原词义，本身也完成了从自主动词到非自主动词的转变。再如"碎"也是这样的情况。

马庆株用肯定祈使句"来/去+V+O+来/去"（除V之外其他都是可有成分）

来鉴别二者，[88]袁毓林使用[±述人]、[±可控]、[±自主]的语义特征逐级确定自主动词与非自主动词，[89]因此，其非自主动词要比马庆株的范围窄得多，不过它同样用肯定祈使句来鉴别自主动词与非自主动词。带有消极评价意义的贬义动词是不能进入肯定祈使句的，贬义与动词的自主义却并非不相容。马、袁二先生的鉴别框架都将一些贬义的自主动词排除在外，如“煽动”“怂恿”“蛊惑”“妨碍”等，这一类词能够进入否定祈使句。但若采用否定祈使句“别＋V＋(O)”作为鉴别标准，则又会将一些主体是有生的非自主动词(袁毓林称为可控动词)框定进来，比如“跌”“忘”“掉”等。

汉语语缺乏形态变化，祈使句是鉴定自主动词与非自主动词行之有效的标准。某些主体是人的非自主动词能够进入“别”类否定祈使句，但是不能进入“甭”类否定祈使句，而且与自主动词构成的否定祈使句命令使动的语用功能不同的是它们所构成的否定祈使句的语用功能是表示提醒，试比较如下：

自主动词	非自主动词
㉜ a 别去！	b 别掉了！
㉝ a 别看！	b 别跌到！

因此，有必要区分两种不同的否定祈使句，一种是负使令祈使句，告诉听话人不做某事，由“别/甭”否定自主动词而获得；另一种是提醒祈使句，提醒听话人注意避免某种情况，由“别”否定自主动词而获得。这样，可以用肯定祈使句与否定祈使句相结合来鉴定自主动词与非自主动词，凡是能进入肯定祈使句或能进入“甭”类否定祈使句的，都是自主动词，反之，则是非自主动词。

四、篇章衔接功能差异

虚词是从实词虚化而来的，客体的变化未必带来语法化，而主体的缺失则必定带来语法化。谓词同义词组内成员有的具有篇章衔接功能，正在往语法词(连词)的方向虚化，另一成员则不具有这一功能，没有往这一方向虚化。名词之中典型的是“结果(一)—结局”，“结果”具有篇章衔接功能，用在后一小句的开头起连接作用，《现汉》已经作为单独的义项：

【结果】jié guǒ ①**名** 在一定阶段，事物发展所达到的最后状态：优良的成绩，是长期刻苦学习的～。②**连** 用在下半句，表示在某种条件或情况下产生某种结局：经过一番争论，～他还是让步了。

谓词中典型的是“可惜—惋惜”，“可惜”可用于后一小句开头，起篇章衔接作用，具有了篇章衔接功能以后，其主体语义角色被挤掉，正在往连词虚化的过程中。而“惋惜”则没有这种功能，也没有这种变化趋势。

㉞ 我喜欢她，可惜她已经有男朋友了。*……惋惜她已经有男朋友了。

其他还有“相信—信任”，“相信”可以用在第二句开头起篇章衔接作用，而“信任”没有这一功能。

㉟ 欢迎阁下来访，相信这次访问能够促进两国关系的发展。

*欢迎阁下来访，信任这次访问能够促进两国关系的发展。

《现汉》对“可惜”“相信”这两个词的解释，并没有根据篇章衔接功能分立新的义项，因为这两个词的篇章衔接用法还不是太稳固。

“担心—生怕”：

“生怕”可以用在第二句开头起篇章衔接作用，而“担心”没有。

㊱ 老师讲得很慢，生怕学生听不懂。　*老师讲得很慢，担心学生听不懂。

“发现—只见”：

“只见”《现汉》未收录，这个可能因为被当作一个短语了。“只见”有一个用法是用在第二个句子的开头，具有引介后文出场者、或者提醒读者注意后边的突出事件的语法功能，不同于“只见树木，不见森林”中的短语“只见”。

㊲ 我打开门，～一个瘦瘦的小男孩站在门口。（引介出场者）

㊳ 他走进家，～地上到处都是衣服。（提醒注意不一般事件）

㊴ 走进房间，～桌子上放着一个大大的蛋糕。（提醒注意不一般事件）

这一用法的“只见”，其前边不能有“见”的主体，句法上表现为主语，后边客体不能是体词宾语，只能带表示事件的小句客体。“只见”传达出了言者的主观态度，认为的该事件很不一般，不平常，所以该词具有主观性。与之功能等同的一个词是

“发现”,但是“发现”不具主观性,无法传达言者的主观态度。

篇章衔接功能未必一定用在第二个句子开头,也可以用于第一个句子,甚至文章的开头,起引出下文、提醒注意的作用,如“记得”,当然,其虚化的程度还不够高,其主体可以补出,“记住”则没有这样的功能。

㊵ 记得几年前,苹果才 1 元钱一斤。 * 记住几年前……

“据说”(《现汉》标注为动词)已经发生了相当程度的虚化,“据”的客体可有可无,其主体已经彻底被挤掉,正在往连词虚化的过程中。与之相比,“听说$_1$”的虚化程度要弱很多,“听”的客体可有可无,主体也可有可无。

㊶ * 我据(小王)说…… 我听(小王)说……

而“按说”的客体、主体都彻底丢失,虚化程度最高,《现汉》将其处理为副词。

第三章　谓词同义词语义角色差异

谓词同义词的语义角色差异体现在语义角色的数目和角色关系两方面，即价量和价质的差别。谓词同义词语义角色方面的差异体现在：组内成员所能组合的语义角色的数目不同、所能组合的语义角色数目相同但是角色关系有异、语义角色的默认值有差异。

语义角色关系的确定有时难免带有主观性，不同的人由于依据的语言材料不同可能会有不同的结果，研究过程中难免会有失当之处。贾彦德先生将“喝水/酒”分别界定为“材料/客体”两格。他把“喝水”定为材料格，主要是比照“浇水”而来，为了与“浇水”中的“水”所承担的语义关系相一致。[110]他的依据是既然“浇水”中的“水”为材料格，而“水”又是都需要的物质，则“喝水”中的“水”理所当然要定为材料格。贾先生忽视了的情况是“浇”与“喝”是两个不同的动词，“浇”是人为植物发出的动作，而“喝”则不涉及第三方，动作进行方式也不同，“浇水”中的“水”定为材料格是合理的，“喝水”中的“水”却不应定为材料格。语义角色关系不取决于名词自身，而是谓词赋予的，同一个名词与不同的谓词组合，可能承担不同的角色关系，不会一成不变。谭景春曾经分析了材料宾语的一些形式和语义特点，比如语义上的附着性，形式上的以“用”为格标置于动词之前，[111]“喝水”中的“水”都不符合。确定格角色关系应该首先看动词语义，而不是体词。

语法领域研究谓词配价是从足句的角度看所要求的体词性短语数目，我们分析语义角色（价），不是以足句为要求标准，而是观察谓词词义中蕴含的固定语义角色，是词义内在的组成要素。如“切”，词义中蕴含了工具——刀，“称”工具中蕴含了工具秤、天平等，不管“切”“称”在入句之后是不是与工具名词组合，我们都知道“切”“称”所用的工具。“我用刀切肉”是一个啰嗦的说法，只有在“我用这把刀切肉”时，名词性工具成分才有表达新信息的价值。谓词这些必有的、由固定名词充当的语义角色，是我们在谓词同义词辨析的过程中应该注意的。

每一个动词所表示的动作行为都可能有一个目的，很多动词的目的需要靠语法标记“为/为了”来表达，但是有的动词其目的是词义中蕴含着的，即使没有目的说明语，我们也知道有目的角色存在，比如“奔走”，意为为了达成某个目的而移动，词义中蕴含着动作目的，不论是否有表示目的的词语与“奔走”挂钩，“奔走”都有一个目的语义角色；而“奔跑”词汇意义中没有目的成分，深层语义一旦加入了目的成分，为实现某个目的而移动，在语码选择时就只能选择“奔走”。俄语中“гулять—фланировть”也是这样的差别，“гулять”有一个固定值的目的角色：为了休息；而“фланировть”指无一定目的的闲逛。[112]

谓词同义词行动元和状态元都可能存在价量和价质的差异，前者如同义词组内成员及物动词和不及物动词的差异，及物动词比不及物动词多了一个客体角色。后者的差异更是纷繁复杂，比如词语中是否蕴含目的角色的差异、工具角色差异、时间、地点差异等。

一、语义角色数目差异

按照谓词所能支配的行动元的数目，配价语法将谓词分为一价谓词、二价谓词、三价谓词。其中一价谓词主要是不及物动词和形容词，二价谓词主要是及物动词和一部分双价形容词，这部分形容词一般是表示态度、效用、及熟悉与陌生的。[113]三价谓词主要是予取类动词。对于有没有零价谓词和四价谓词，汉语语法学界还存在争议。英语配价语法研究中有零价谓词一说，有学者认为表示天气和自然运动的“地震”“下雨”等是零价谓词，而另一些学者则认为这些词是相应的一价谓词。德语配价语法研究中有四价谓词一类，关于汉语中是否有四价谓词学者们意见并不统一。拿“赌”一词来说，“我和你赌十块钱他赢不了”中，“赌”涉及四个体词性成分，其中的“他赢不了”算不算“赌”的配价，如果算，其所承担的语义角色是什么，研究者们的意见分歧集中在这一点，其他类似的还有“买”“卖”等词。鲁川是主张汉语中有四价谓词的，他明确提出，买类动词属于交易类四价动词。[58]本书采取如下说法：汉语中没有零价谓词，也没有超过三价的谓词。同义词组内成员的价量差异不会大于2。价量的差异也反映了其句法功能差异，谓词同义词的价量差异表现如下。

（一）一价谓词和二价谓词的语义角色数目差异

同义词组内成员，有的属于二价动词，有的属于一价形容词，则其语义角色数目存在差异。动词可以带主、客体两个语义角色，而同义的形容词却往往只能有一个主体角色。

“宽容—宽恕”：

“宽容”属于主体是人的状态一价谓词，表示人的性格属性；“宽恕”属于主体是人的动作二价谓词，我们可以说“我宽恕你的过错”，但不能换成“宽容”。

“吝啬—吝惜”：

“吝啬”属于主体是人的状态一价谓词，表示人的性格属性；“吝惜”属于主体是人的动作二价谓词，我们可以说“我毫不吝惜金钱”，但是该句不能换成“吝啬”。

“隐蔽$_2$—隐藏”：

“隐蔽”属于主体是物（环境）的状态一价谓词，表示物的属性；“隐藏”属于主体是人的动作二价谓词，我们可以说“他隐藏在地洞里”，但是该句不能换成“隐蔽”。

“幸运—荣幸”：

“幸运”属于主体是人（运气方面）的状态一价谓词，表示属性；“荣幸”后面跟因事，如：

① 方济曦大使最后说，他非常荣幸能有机会出任意大利驻中国大使。

“荣幸”属于可带因事的二价心理动词，“幸运”属于一价性状形容词。

同义词组内成员，有的属于自动词（一价动词），有的属于他动词（二价动词），自动词一般只能带主体角色，他动词除了主体之外，还可以带客体角色（包括受事、成事、使事、位事、感事等），汉语中有一部分自动词也关涉两个语义角色，不过第二个名词角色只能以与事角色置于动词前，不能置于动词后。属于自动词和他动词的角色数目差异的同义词组有“化妆—化装$_2$”“警戒—警惕”等。

“化妆—化装$_2$”：

“化妆”是不及物动词，只能带主体角色；“化装$_2$”还可以带成事。

“警戒$_2$—警惕”：

“警戒$_2$”只能带主体角色；“警惕”可以带主体、客体两个语义角色。

“觉醒—觉悟”：

“觉醒”是不及物动词，只能带主体角色；“觉悟”可以带主客体两个语义角色。

“谨慎—小心$_1$”：

“谨慎”只能带主体角色；“小心”可以带客体。

其他具有自动词和他动词差别的同义词组详见第二章二、(一)、3 中所列。

(二) 二价动词和三价动词语义角色数目差异

同义词组内成员一个属于二价谓词，一个属于三价谓词。

“报仇/复仇—报复”：

“报仇/复仇”可以带主体、受益与事(为 Sb. 报仇/复仇)、受事客体三个语义角色，“报复”不能带与事。

“声援—支持$_2$/支援”：

“声援”是二价谓词，只可带施事、受事两个语义角色；“支持$_2$/支援”是三价谓词，带施事、与事、受事三个语义角色(你结婚，我支持你一座房子。支援友国两个亿)。

“欺负—欺压”：

一般认为二者都是二价动词，但“欺负”后面可以带因事，“欺压”不可以。在句法上表现为“欺负”可以带小句客体，“欺压”只能带体词客体。如：

② 美帝国主义……欺负我们钢太少。*美帝国主义……欺压我们钢太少。

(三) 语义角色上可有角色与必有角色的差异

同义词组内成员在认知上涉及的语义角色数目是一样的，但在句法上，有的成员某角色必须出现，而另一成员该角色则可省略，具体有以下几种情况。

(1) 感受形容词的主体是否可省略的差异

感受形容词的主体“人”是个默认值(default value)，在语言经济性原则的驱动下，这一主体常常以非直接成分身份出现，甚至完全隐含。[6]，例如“快乐的旅行”“快乐的时光”“烦恼的事情”“满意的答复”等，其实是“令人快乐的旅行”“令人快乐的时光”……，对于这种现象，刘丹青称之为形名“假性同现”[114]。有的感受形容词“令人”不能省略，不能发生假性同现，具有这类差别的谓词同义词有“快乐—高兴”“满意—满足$_1$”等。

"快乐—高兴"：

"快乐"的感受主体可以隐含，发生假性同现，"高兴"不可发生假性同现。

③ 快乐的旅行　　　　＊高兴的旅行。

"满意—满足$_1$"：

"满意"可以发生假性同现："满意的答复""满意的工作"……；"满足$_1$"不能发生假性同现："＊满足的工作""＊满足的生活"。

"愤怒—生气"：

"愤怒"可以发生假性同现："愤怒的炮火""愤怒的火焰"……；"生气"不能发生假性同现："＊生气的事情""＊生气的炮火"。

"伤心—悲哀"：

"伤心"可以发生假性同现："伤心的眼泪""伤心事儿"……；"悲哀"不能发生假性同现："＊悲哀的事情""＊悲哀的眼泪"。

"惊奇—惊讶"：

"惊奇"可以发生假性同现："惊奇的事儿""惊奇的发现"……；"惊讶"不能发生假性同现："＊惊讶的事情""＊惊讶的成功"。

"陌生—生疏"：

"陌生"可以发生假性同现："陌生人""陌生的场所"……；"生疏"不能发生假性同现："＊生疏的教学工作""＊生疏的技术"。

"痛苦—困苦"：

"痛苦"可以发生假性同现："痛苦的事儿""痛苦的选择"……；"困苦"不能发生假性同现："＊困苦的事情""＊困苦的磨炼"。

"恐怖—恐惧"：

"恐怖"可以发生假性同现："恐怖电影""恐怖的长相"……；"恐惧"不能发生假性同现："＊恐惧的鬼""＊恐惧的一幕"。

"可怕—害怕"：

"可怕"可以发生假性同现："可怕的环境""可怕的一幕"……；"害怕"不能发生假性同现："＊害怕的鬼""＊害怕的一幕"。

刘丹青认为与一般的形容词与名词既可以在主谓结构又可在定中结构中同现不同的是，这类形名定中组合不能变换为等义的主谓结构"＊旅行很快乐""＊事情很悲伤”……。例外是“沉痛”，可以转换为合法的主谓结构“沉痛的教训”。[114]另外还有“可怕”（鬼很可怕）、“恐怖”（鬼很恐怖）、“痛苦”（那种生活很痛苦）。能否转为合法的主谓结构和谓词的词义有关，这类感受形容词包含着两个语义因子，一是感受主体，二是感受到的喜、怒、哀、恶、惧等情感内容。这两类语义因子在不同的词语中地位是不一样的，一般的感受形容词，主体在词义结构中占有更重要的地位，至少和感受内容有平等的地位，此时，感受主体不能省略。另有一些词，感受主体在词义结构中因常被省略而变得越来越不重要，以至于具有比较稳固的表示事物属性的意义，最终从感受形容词彻底变为属性形容词，这类词可以转为主谓结构。这方面的一个典型的例子是“冷$_1$—凉”。先看例句：

④ a“冷吗？”　　“不冷。”

⑤ b“凉吗？”　　“不凉。”

⑥ c“浑身发冷。”　“洞里发凉。”

在前面的主体成分隐藏的情况下，我们的第一反应是④句问人的生理感觉，⑤句是问物的属性，这说明“冷$_1$”的默认语义角色是人，而“凉”的默认角色是物，一个是体验者，一个是属性系属者。“凉”也是人体的感觉，但是原本的体验者角色在词义中已经无法占据一席之地，从感觉形容词变为属性形容词。这两个词在“体验者”和“属性系属者”角色上的对立很清楚，“冷$_1$”一般带“体验者”角色，表示人的生理感觉，带属性系属者角色的时候，仅限于天气（气候）、环境、态度（这个人很冷）（构词中的“冷眼”、“冷水”、“冷处理”等不在我们讨论之列）；“凉”的语义角色，表示物体的温度属性（饭凉了、铁把手太凉了），不能带“体验者”角色。同为属性系属者的语义角色的情况下，其表义有轻重之别，“冷”更重一点。参考徐家桢的研究[115]，二者之间的区别详见表 3-1。

表 3-1　“冷$_1$”和“凉”的角色差异

角色 词目	体验者	属性系属者	
			语义轻重
冷$_1$	+	+	重
凉	−	+	轻

有的词比如“沉痛”既可以描写主体感受(他很沉痛),也可以描写感知对象(教训很沉痛)。有的词如“恐怖”“可怕”“面生”“耳熟”“面熟”“眼生”“耳生”等不能直接描写主体感受(加:“感到”“觉得”后可以),可直接描写感知对象,感知主体在语义结构中隐含。这类词和主体在词义结构中占有重要地位的词在句法功能上有显著不同,他们可以进入以下两类句法格式:

客体(心理活动指向对象)+Vp

⑦ 这部电影很恐怖。

⑧ 那条蛇很可怕。

⑨ 这个人很面生。

主体+觉得+客体+Vp

⑩ 我觉得这部电影很恐怖。

⑪ 我觉得那条蛇很可怕。

⑫ 我觉得这个人很面生。

(2) 属性形容词属性所属的方面是否可省略的差异

形容词前面表示主体组成部分的成分(“他鼻子高”中的“鼻子”)是不能省略的,而形容词所表示的属性所属的方面(“他性格粗暴”中的“性格”),却往往可以省略。但是具体来说,也不是每一个形容词都可以省略。同义形容词内部成员在这方面往往表现出差异。

“悲痛—沉痛$_1$”:

二者联系到的名词性成分除了性状所属的主体——人之外,还联系到了性状所属的主体的某个方面——“心情”。但是前者性状所属的方面可省,后者不可。

⑬ a 我心情很悲痛。→我很悲痛。　　b 我心情很沉痛。*→我很沉痛。

“慈祥—慈爱”:

二者都联系到了性状所属的方面:表情。前者性状所属的方面可省,后者不可。

⑭ a 他表情很慈祥。→他很慈祥。　　b 他表情很慈爱。*→他很慈爱。

“丰满$_2$—饱满”：

“丰满$_2$”性状所属的方面可省，“饱满”不可。

⑮ a 姑娘身材很丰满。→她很丰满。　　b 他精神饱满。*→他很饱满。

“消沉—低沉$_3$”

二者都联系到了性状所属的方面：情绪。前者性状所属的方面可省，后者不可。

⑯ a 他情绪很消沉。→他很消沉。　　b 他情绪很低沉。*→他很低沉。

“振作$_1$—振奋$_1$”：

二者都联系到了性状所属的方面：精神。前者性状所属的方面可省，后者不可。

⑰ a 他精神不振作。→他不振作。　　b 他精神振奋。*→他很振奋。

“舒服$_1$—舒畅”：

前者性状所属的方面可省，后者不可。

⑱ a 他感觉很舒服。→他很舒服。　　b 他心情很舒畅。*→他很舒畅。

同义词组内成员有的联系到主体某个属性，有的不联系某个属性，直接和主体发生联系。

“垂死—垂危”：

“垂死”直接跟主体发生联系，不再联系主体哪方面的属性；“垂危”联系到属性的方面“生命”。

⑲ a *他生命垂死。　　b 他生命垂危。

(3) 二价形容词必有成分和可有成分的差异

张国宪指出，对象成分是二价形容词的可有成分。[113]现在我们来观察对象成分可省与不可省的形容词组，具有这方面差别的同义词组有“亲切—亲热$_1$”“冷漠—冷淡”。

“亲切—亲热$_1$”：

“亲切”作谓语时的对象成分是可有的，当对象成分不出现时，“亲切”表示主体的属性，“亲热$_1$”在作谓语时，对象成分是必有的。

⑳ 张老师(对人)很亲切。　　*张老师很亲热。

"冷漠—冷淡":

"冷漠"作谓语时的对象成分是可有的,当对象成分不出现时,"冷漠"表示主体的属性,"冷淡"在作谓语时,对象成分是必有的。

㉑ 张老师(对人)很冷漠。　　　　＊张老师很冷淡。

(4) 二价心理动词心理活动指向对象是否可省的差异

黄锦章指出二价心理动词心理活动所指向的对象有的可以省略(如"生气"),而有的必须出现(如"崇拜"),[48] 二价心理动词的这种差异在同义词组内成员上也有表现,具有这种差异的同义词组有"害怕—惧怕""喜欢—爱"等。

"害怕—惧怕":

"害怕"的对象(也是心理活动产生的原因,情绪类心理动词的因事和动作指向对象常常重叠)有时有时不必说出,也无法说出,仅仅表达一种心理状态;"惧怕"心理活动的指向对象必须说出。

㉒ 我害怕蛇。　　　　我晚上一个人很害怕。

㉓ 我惧怕蛇　　　　＊我晚上一个人很惧怕。

"喜欢—爱":

"喜欢"的客体可以省略,"爱"的客体难以省略。

"讨厌$_3$—嫌弃":

"讨厌"的对象在一定程度上可以省略,"嫌弃"的对象一定不能省略。

二、语义角色关系差异

(一) 一价同义谓词之间的语义角色关系差异

一价谓词之间的语义角色关系差异体现在主体和谓词之间。它们可能是施事、系事、致事、经事、起事等的不同。

"傲慢/高傲—骄傲$_1$":

"傲慢/高傲"是属于一元性状动词,其主体是性状的系属者——陈昌来称为系事、袁毓林称为主事。"骄傲$_1$"属于情绪类一元心理动词,其主体是经事,是感受者。当然，性状谓词也隐含着一个属性的感受者、或者评价者，这个隐含的语义角色是固定的，是说话人，而不是性状系属的主体——其前面的主语，也就是说言者角色与性状谓词的主体是两个不同的事物；而心理动词的心理感受主体就是其前面的主语，随着主语而变，当言者角色为第一人称，言者角色与心理动词的主体重合。心理动词可以直接用在"我觉得/感到……"后面，但是性状动词必须带其自身主体，构成小句宾语。

"安静$_1$—平静"：

"安静"是一元性状谓词，其主体是客观环境，是系事；"平静"是一元心理动词，其主体是感受者，是经事。

一价谓词之间的语义角色关系差异还可能表现为一价动词和一价形容词的语义角色差异。

同义词组内成员分属于一价动词和一价形容词，其语义角色关系也因此不同：动词的主体是动作行为的发出者——施事，而形容词的主体是系事。

"先进—进步"：

"先进"属于一价形容词，表示事物属性；"进步"属于动作一价谓词。

（二）二价以上同义谓词之间的语义角色关系差异

这又分为两种情况：二价动词和二价形容词的语义角色关系差异；二价以上动词内部的语义角色关系差异。

1. 二价动词和二价形容词的语义角色关系差异

二价动词和二价形容词构成同义词组，动词除了主体以外，所关联的第二个体词性成分一般以客体的角色出现在动词的后面，也可以对象的角色出现在动词前面，而形容词的第二个体词性成分只能以对象的角色出现在形容词的前面，当然，它们还都可以话题化。张国宪分析了形容词"精"和动词"精通"的语义角色差异，指出二者语义角色的分布差异。[113]这样的同义词组还有：

"精通—精$_6$"：他精通无线电。　　＊他很精无线电。

"熟悉—熟$_4$"：他很熟悉小王。　　＊他很熟小王。

"忠诚—忠实"：他忠诚党的教育事业。　　＊他忠实朋友。

"适合—合适"：他很适合你。　　＊他合适你。

“热心—热情”：他热心党的教育事业。　　　　＊他热情党的教育事业。

2. 二价以上动词内部的语义角色关系差异

(1) 客体语义角色关系差异

马庆株对动词和宾语之间的语义关系进行了系统研究，他从语义角度把宾语分为客体宾语、主体宾语、使动宾语、工具宾语、方式宾语、表称宾语、结果宾语、予夺宾语、对象宾语、时间宾语、处所宾语、数量宾语、虚指宾语十三类。[116] 虽然分类的标准还没有完全统一(如数量宾语是就宾语的词类角度着眼，虚指宾语的分类和其他分类也不是遵循的相同的意义角度，其他十一类是从动名语义关系着眼作出的分类)，但这种分类是开创性的。《汉语动词用法词典》的分类标准就完全统一到语义关系这一视角上来，该书把宾语的语义类型分为受事宾语、结果宾语、对象宾语、工具宾语、方式宾语、处所宾语、时间宾语、目的宾语、原因宾语、致使宾语、施事宾语、同源宾语、等同宾语、杂类共十四类。[84] 以上分析是从句子构成的角度所作的分类，其中有一些是语用作用下的临时组合，不在我们的研究范围之内。例如施事宾语、“吃食堂”类处所宾语、“烧水壶”“写毛笔”类工具宾语，以及某些杂类宾语。

范晓对施事宾语作了详细的分析，他把施事宾语分为五类，[117] 其中，A 类属于存在句，B 类通过作为话题的 N_1 所领属的事物的出现消失从而间接地表示领有者的情况变化，如果把领有者看作场所的话，B 类也是存现句；C 类其实是整体中出现或消失了一定数量的部分的存现句。都可以归入存现句，D 类和 E 类也都有深刻的语用因素驱动。施事宾语是语用因素作用下由上下文决定的充当话题的成分对原有谓词的语义结构的扭曲，与词汇意义无关，并不是汉语实际语义结构和语法结构的体现。

王占华认为《汉语动词用法词典》中的“吃食堂”类处所宾语、“烧水壶”类工具宾语，实际上是通过隐喻的形式来表达的受事宾语。[118] 从表示空间的词语转移到表示该空间内的容纳物，例如“拉肚子”“倒簸箕”“吃食堂”等，是人类语言的普遍现象，[119] 是以隐喻为认知基础的。除非该隐喻已经非常稳固，渗入词的理性意义，产生了新的义项，否则，这类非常规用法只能看作特殊搭配。

陈昌来《现代汉语动词分类词表》是现代汉语谓词语义角色关系的集中反映，为了提取谓词的不同语义角色关系，我们将陈昌来的《现代汉语动词分类词表》[45] 输入 Access 数据库，与将张志毅先生刘叔新先生的谓词同义词词目数据库，进行连表查询,陈昌来动词分类词表中没有的词目,根据《现代汉语实词搭配词典》以及我们的语料调查补充其语义角色关系,并且参考徐峰对三价动词的研究成果[120],得出客体的角色关系存在差异的谓词同义词如下。

a. “受事”客体与“成事”客体的差别

“把持$_1$—操纵$_2$”:

“操纵$_2$”的名词客体也可以是无行为能力的名词,如“物价”、“命运”、“市场”、“利润”、“会议”等,但是动作行为可以带来该名词的发展变化,使之成为主体想要的结果。主体对之施加人力从而达到主体想要的发展结果,是不太典型的成事;“把持$_1$”的名词客体,如“权力”“岗位”“ 职位”“职务”“席位”“部门”等,但是动作行为不能带来该名词的发展变化,动作行为的目的是占有该名词所表示的事物、场所。是典型的受事客体。

“发现—发明”:

“发现”的客体早已存在,只不过动作之前不为人所知,经过动作之后被人所知道;“发明”的客体在动作之前不存在,是动作的结果。“发现”带受事客体,“发明”带成事客体。短语结构“想起来—想出来”的差别与此一样,前者客体早已存在,后者客体在动作完或前不存在。

“开拓$_1$—开辟$_{1、2}$”:

“开拓$_1$”的客体已经存在,通过动作使其发展变化,介于受事和成事之间,“开辟$_{1、2}$”的客体在动作之前并不存在,是典型的成事,如“开辟航线”“开辟战场”等。

“建设—建造/建筑”:

“建设”的客体是受事,“建造/建筑”的客体是成事。

“转变/转化—转移”:

“转变/转化”可以带成事,有时需要“成”“为”等标志,“转移”只能带受事(转移目光、转移阵地、转移主力)。当没有形式标志的时候“转变”的客体是不太典型的成事(转变角度、转变策略),与“操纵物价”中的“操纵”一样,动作行为可以带来后面名词自身的发展变化。当“转移”后的名词主体占有实实在在的客观空间(如目光、阵地、主力、位置、军队、文件……)时,只能用“转移”,“转移”会带来客体空间位置的变化,而“转变/转化”的客体没有空间位置变化,只是自变。当“转移”的客体是抽象事物,不占有实实在在的客观空间时,如“话题”“重点”“兴趣”等,与“转变”

基本可以换用，但是内部的语义机制是不一样的。“转移”仍然包含着隐喻机制下的位置变化，“转化”仍然是客体自变。因此，“转移目光”与“转变目光”都可以说，但是意思不一样，前者指目光从一个客观位置到了另一个客观位置，后者指对同一客观事物的看法改变，“目光”自变，用的是其引申义。

“召集—召开”：

“召集”的客体是受事（人员、人马），该受事一般具有行为能力，因此“召集”可以用于兼语句中（召集大家开会）；“召开”的客体是成事，不能用于兼语句中。

“瞒—隐瞒”：

“瞒”后的客体是对象（人），隐瞒的内容常常出现在前边，句法上作主谓谓语句的大主语；“隐瞒”的客体是受事（隐瞒的内容），对象用介词“对/向”引出，放在其前边。

b. 位事与受事的差别

“遍及—普及$_2$”：

“遍及”后跟处所词语，是位事；“普及$_2$”后跟一般名物词语，是受事。

“暴露—披露$_1$”：

“暴露”后可能跟受事和位事两个客体角色，“披露$_1$”只能跟受事。

c. 因事与受事的差别

“躲—藏$_1$”：

“躲”后面的客体成分是动作行为的原因——因事，如“子弹”“雨”“汽车”“壮丁”“劫”“敌人”“警察”“灾”“台风”等给主体造成危险、不便的东西；“藏$_1$”后面的客体成分是动作行为的对象——受事，例如等“钱”“宝”“枪”等主体不愿意被别人发现或知道的东西。

㉒ 你是不是故意躲我？

㉓ *你是不是故意藏我？

“庆贺/庆祝—祝贺”：

“庆贺/庆祝”的客体是因事（节日、丰收、毕业……），是高兴的情绪产生的原因；“祝贺”的客体是对象，是人。在“Sb.（主体）＋X＋N”格式中，“祝贺”可以变换为“Sb.（主体）＋向＋N＋（表示）＋X”的格式，“庆贺/庆祝”不可以。“祝贺”的客体也可以是受事，如祝贺节日等。

"挽回—挽救"：

"挽回"的客体成分是因事，如"挽回损失""挽回败局"等；"挽救"的客体是受事，例如"挽救病人""挽救财产"等。

"推卸—推脱"：

"推卸"的客体是受事，"推脱"的客体除了是受事以外，还可以因事（推脱有事）。

d. 使事与受事的差别

"改变—改造"：

"改变"的客体是使事（改变政策）；"改造"的客体是受事（改造飞机）。

"警戒$_1$—警惕"：

"警戒$_1$"和"警惕"都可以用于"X ＋Sb. ＋Vp"格式中，但是"警戒$_1$"后面的 Vp 一般用否定，"警惕" 后面的 Vp 一般用肯定，二者语义角色的默认值也不一样，"警戒$_1$"的后面指人的对象角色是必不可少的，而"警惕"的后面 sb. 如果是贬义的（警惕敌人），Vp 可以省略，若不带贬义，Vp 必不可少。

㉔ 内心抱着希望，却又警戒自己不要奢想。

㉕ 内心抱着希望，却又警戒自己。

㉖ * 内心抱着希望，却又警戒不要奢想。

㉗ 要警惕农村小卖部卖假货。

㉘ * 要警惕农村小卖部。

㉙ 要警惕卖假。

从句法上看，"警戒$_1$"和后面的小句构成兼语句，"奢想"不是"警戒$_1$"的对象；"警惕"和后面的小句不构成兼语句，是小句宾语句。Vp 是"警惕"的受事，在"警戒$_1$"句中 Sb. 是其使事，"警戒$_1$"是具有使动意义的动词，"警惕"是普通的及物类二价心理动词。

"摆脱—解脱"：

二者都可以用于"X＋N"格式中，当"N"是"困境""痛苦""苦恼""尴尬"等消极评价意义的无生名词时，语义角色关系是受事，二者基本可以换用，但当"N"是有生名词时，"摆脱"中的"N"是受事，"解脱"中的"N"是使事，如：

㉚ 这下可把少安解脱了！(“少安”是使事，受益者)

㉛ 这下可把少安摆脱了！(“少安”是受事，被憎恶者)

“扩充—扩大”：

“扩充”的客体是受事，“扩大”的客体是使事。另外，“扩充”还可以带工具角色(扩充军备、各地游击队扩充战士)，“扩大”不能带工具角色。

“实行—执行”：

“实行”的客体是使事，“执行”的客体是受事。

“转化—转移”：

前文谈过“转化”可以带成事，但需要“成”“为”等标志，当没有形式标志的时候“转化”的客体是使事(转化后进、转化落后)，“转移”只能带受事(转移阵地、转移目光)。

“消除—消灭”：

“消除”的客体是使事(消除误会、消除影响)，“消灭”的客体是受事。

e. 感事与受事的差别

“感激—感谢”：

“感激”是二元心理动词，其后的名词性成分是感事，也是因事；“感谢”是动作行为动词，其客体是受事。

“观赏—欣赏$_2$”：

“观赏”是动作行为动词，带受事客体；“欣赏$_2$”是二价心理动词，是“认为好”之义，带感事客体。

“赞美/赞叹/赞扬—赞赏”：

“赞美/赞叹/赞扬”是言语类二价动作行为动词，其客体是受事，“赞赏”是二价心理动词，其客体是感事。

“体验—体会”：

“体验”是二价动作行为动词，其客体是受事(体验生活)，“体会”是二价心理动词，其客体是感事(体会这种感情)。

(2) 主体语义角色关系差异

动词和宾语之间的语义关系是极为复杂的，这已是共识。主语和动词之间语义关系的复杂性却没有引起足够的重视。菲尔墨指出，主语和动词之间的关系在语义上的千差万别正和其他各格一样。[15]但主体语义关系的差异往往首先在动词内部分化为不同的义项,而我们的研究是以义项为单位进行的,因此要想全面的考察主谓语义关系的差异,需要把动词的不同义项也考虑进来。

自主动词与非自主动词的差别也同时决定了它们主体的语义角色关系的不同,自主动词的主体是施事,非自主动词的主体是致事或者系事。如“暴露—揭露”、前者主体是致事,后者主体是施事。再如“鞭策—督促”前者是系事,后者是施事。具有自主与非自主对立的同义词组参见第二章。

三、语义角色重合情况差异

(一) 语义角色的重合

关于名词短语和格标签是不是一对一的关系,学术界也曾有不同的认识。安德森曾引用菲尔墨的说法提出同一命题内格和名词短语之间是一一对应的,菲尔墨 1971 年的文章中就不排除一个名词短语在同一个命题中同时承担几个格角色的说法。[121]黄锦章也指出,同一个名词短语可以承担两个或两个以上的格角色。[48]一个体词短语可以承担几个不同的格角色,举一个很容易理解的例子,情绪类心理动词(“生气”等)所指向的对象也往往就是该情绪所产生的原因,这类动词的对象和因事常常是同一个名词短语。

同一谓词会牵涉到不同的命题,语义角色是否重合就成为一个有价值的观察角度。菲尔墨对于受益格(Benefactive)的分析就是从利益得失的角度对处于谓词施受语义结构中的名词短语格角色的二次分析,因此在 1966 年的文章中菲尔墨将之置于情态的范畴。[122]

汉语中有一类动词,如“抱怨—埋怨”“祝贺—恭喜”“批评—责备/责怪”“质问—责问”“恭维—奉承”“赞美—赞叹—赞扬”“咒骂—谩骂”等,它们是言语行为动词,同时又表达对某人、某事、某物的好恶的评价感情或情绪,它们是情绪类心理动词和言语行为动词的交叉,可称之为情绪类言语行为动词。

作为言语行为动词,这类动词涉及到的语义角色有言语行为的主体(施事,即发话人)、言语行为的客体(受事,即受话人);作为情绪类心理动词,这类动词涉及到的语义角色有情绪活动的主体(经事)、情绪活动的客体(情绪活动所指向的对象)、情绪活动产生的原因(因事)。同义词组内成员在两套语义角色的主体上是重合的,但是言语行为的客体与情绪指向的客体是否重合、情绪指向的客体与因事中的主体是否重合,各成员却可能有不同的表现,而这可能成为区别它们的关键。另外,从利益得失的角度,接受喜好情绪的对象是受益者,而接受憎恶类消极情绪的对象是受损者,同义词组内成员在受益者角色方面也存在差异。下面以“抱怨—埋怨”为例,详细说明。

(二) 语义角色重合差异的分析——以“抱怨—埋怨”为例

1. “抱怨—埋怨”与语义角色无关的差异

(1) “埋怨”常有遭遇不如意事件的语用预设

“埋怨”有两种用法:第一,有遭遇某个不如意事件的语用预设,认为造成不如意事件的原因是某人或某事物,如例㉚、例㉛;第二,无不如意事件的语用预设,仅仅是用言语行为表达对某人或某物的属性、某种情况的不满,如例㉜、例㉝。语料调查显示,用法二的用例很常见,《现汉》对“埋怨”的释义仅涵盖了用法一,应该予以修正。

㉚ (果园被抢)我们是谴责偷者、抢者的不劳而获、无法无天呢,还是埋怨苹果太红、太诱人呢?(不如意事件)

㉛ (没赶上火车)李国安仰天长叹,一个劲地〈埋怨〉不争气的腿。(不如意事件)

㉜ 妻子埋怨他一点活儿也不干,儿子则说……(“懒”的属性)

㉝ 有些轻生者决意离开人世,他们埋怨郭文香多管闲事(“多事”的属性)。

“埋怨”用法二与“抱怨”有换用的可能,用法一只能用“埋怨”。《现汉》“抱怨”条所举的例子(做错事只能怪自己,不能~别人。)是典型的有不如意预设的用例,但是在我们的语料调查中,没有发现这样的用例,此例只能用“埋怨”。不如意事件往往成为话题兼作主语,而主体却往往省略(如:考得不好埋怨老师等)。在下文的分析中,将不再涉及用法一。

(2) “抱怨”和“埋怨”对物和对人的使用倾向

我们调查了《人民日报》1995—2000年语料中二者动词用法中对人、对物的用例情况，见表 3-2。

表 3-2　“抱怨”和“埋怨”的客体类型差异

比较项 / 词目	总用例	对人		对物	
		用例数	所占比例	用例数	所占比例
抱怨	685	174	25.40%	511	74.60%
埋怨	231	169	73.16%	62	26.84%

“抱怨”倾向用于对物，“埋怨”倾向用于对人，这些数据正和同义词典和辨析手册里说的词义着重点相吻合——“责怪”对象是人，“不满”的对象可以是物。我们对“埋怨”对物的 62 条用例逐一观察，发现这些用例都可以换成“抱怨”，有一些例子明显用“抱怨”会好一点，更符合语感，现举几例：

㉞ 有人埋怨生活的这片土地贫穷落后，可自己却不愿为之吃苦流汗治穷致富。

㉟ 过了十八天“秋老虎”，就没有人再去埋怨阳光的酷热了。

㊱ 每次车行这里，在埋怨桥太小的同时，深感北京的变化之大……

对物且语感上较正常的大多是那些“埋怨”在句末的用例（不满对象在前文语境中出现），此时的“埋怨”言语行为的意义几乎消失殆尽，仅剩下情绪心理动词的“不满”义。“埋怨”对物有较大的限制（有不如意预设的“埋怨”对人、对物均无限制）。而“抱怨”用于对物没有任何限制，通过对客观存在的环境、条件、事物不足之处（工资低、物价高、好电视剧太少、公共汽车拥挤……）的诉说，使自己的“不满”情绪得以表达，仍然蕴含着听话者的语义角色，这种情况下不能换成“埋怨”。

㊲ 一是小学生们并不像外界传说的那样，抱怨没有健康的书可读。

㊳ 有些读者抱怨有的书店不开架售书。

从以上的分析我们可以看出，在情绪心理动词和言语行为动词两端，“埋怨”更偏向于前者，“抱怨”更偏向于后者。在下文中我们将主要分析二者无不如意事件的语用预设且客体是对人的情况下二者的语义角色重叠情况。

2.“抱怨—埋怨”语义角色重叠差异

(1)“抱怨”与“埋怨”情绪活动对象和言语行为对象重合情况的差别

在“不满”对象是人的情况下，“埋怨”情绪活动的对象和言语行为的对象一般是重合的，“抱怨”却一般不重合。如例㉜、例㉝，把二者蕴含的言语行为活动还原（“你怎么一点活儿也不干”“你真是多管闲事”），我们发现，“埋怨”的言语行为对象总是不满对象，是通过直接的言语行为使不满对象知道自己的情绪，还原后的语言行为活动都是第二人称“你”；而“抱怨”言语行为对象另有其人，是通过把不满对象的动作行为属性向第三方诉说，使第三方知道言说者的情绪，不满对象可能并不知道言说者的情绪，如下文中例㊴、例㊵、例㊶、例㊷，还原后的言语行为活动是第三人称“他/她(们)”。由此可知，“埋怨”的不满对象当言语行为发生时总是在场，“抱怨”未必在场。二者所蕴含的言语行为活动的性质是不一样的，“埋怨”是对话，“抱怨”是向别人陈述。

㊴ 黄总收到一封旅客来信，抱怨一位空姐对病人索取药品不够热心。

㊵ 妈妈向我抱怨：“他总是挑食，不喜欢的就一口不吃，宁愿饿着。”

㊶ “我丈夫已经好几天没有回家睡觉了”，麦卡锡的妻子抱怨道。

㊷ 当我们抱怨现在的孩子不理解父母时……

“抱怨”言语行为的对象可以用“向”“对”等介引在动词的前面（例㊵），更多的时候在句中并不出现，是隐含的语义角色（例㊶、例㊷）。

对“抱怨”和“埋怨”的选择是由其所蕴含的言语行为活动的性质来控制的，与不满对象直接的双方对话用“埋怨”，将不满对象的相关行为属性向第三方陈述，用“抱怨”。当由上下文语境可以推知言语行为对象就是不满对象时，只能用“埋怨”，如例㊸，反之只能用“抱怨”，如例㊶。

㊸ 当母亲提着那十几个装得满满的塑料袋，大大方方地从饭店里走出来后，我又埋怨（*抱怨）道：“就这么一次，您就不能做得大方点？”

(2)“抱怨”和“埋怨”不满意对象和因事主体重合情况的差别

“抱怨”和“埋怨”的因事是人、事物、社会某方面的属性、情况、行为动作，由降级述谓结构来充当，这个降级述谓结构的主体在用“埋怨”的句子中，由于和不满的对象相同而被强行删除，“埋怨”后面的体词性成分可能同时兼有情绪活动对象、情绪活动因事的主体、言语行为的对象三种不同的语义角色：

㊹ 大娘埋怨小栓子(对象)〈小栓子〉没看住(因事)。

在用“抱怨”的句子中，不满的对象和因事主体可能相同而被强行删除，此时后面的体词性成分可能同时兼有情绪活动对象、情绪活动因事的主体两种角色，此时可以换用“埋怨”，但是换用后会带来第三方听话者角色的删除：

㊺ 古巴队主教练抱怨自己的队员(对象)〈自己的队员〉进入角色太慢(因事)

也可能不同因而无法删除，此时必须用“抱怨”，如：

㊻ 有些家长抱怨他们的孩子的家庭作业繁重。

还有一些因事主体和动词的主体相同而承前省略，此时“抱怨”用于对自己：

㊼ 现在的社会，人人都抱怨劳累……

㊽ 有的抱怨没时间学习，却又成天忙于不必要的应酬。

(3)“抱怨”和“埋怨”受益者的差异

“抱怨”和“埋怨”是用言语行为表达不满，“不满”的对象是受损者，说话人心中的不良情绪得到了发泄，可看作受益者。一般认为与“批评”“责怪”“骂”“咒”一样，二者都是损害客体(对象)行为动词，实际分析起来却不尽然。

“抱怨”的不满情绪从说话者自身利益作为出发点产生的，其受益者一定是说话者，而“埋怨”不满情绪的产生可以说话者利益为出发点(例㊸、例㊹)，也可以听话者利益为出发点(例㊾、例㊿、例51)，出发点的不同导致了“埋怨”的受益者既可能是说话人，也可能是听话人。而听话人与不满情绪的对象重合，于是出现了接受不满反而受益的奇怪现象，“埋怨”不全是损害客体行为动词，当对象受益时，只能用“埋怨”。

㊾ 于右任先生知此事后，埋怨邓：“你讲话不要人头了？”

㊿ 人群中有几个人埋怨我不该放司机走，多少也要让他赔偿点损失。

51 医生埋怨说：“怎么到了肝硬化腹水才来看病？

关于这两个词的辨析有代表性的几家观点，主要从语义轻重、词义侧重点上来辨析。语义轻重上，刘叔新认为“埋怨”重“抱怨”轻，与张志毅、高庆赐、佟慧君的观点完全相反，受到方文一的批评。[24]但是方文一另一篇文章所得出二者是等义词的结论也同样不足取。[123]语义角色的重合情况的差别，是二者语码选择的重要决定因素。[66]

(三) 语义角色重合差异的其他谓词同义词组

具有这类差异的其他谓词同义词组有“同意—赞成”“答应—同意”等。

“同意—赞成”:

二者都可以用于“~V”格式中,但是“同意”句中V的主体与“同意”的主体可以重合(我同意去),也可以不重合(我同意你去);而“赞成V”中V的主体与“赞成”的主体一般是不重合的,“我赞成去”中“去”的主体默认情况下是他人,而不是“赞成”的主体“我”。

“答应—同意”:

“同意”只是表示主体对某事允许不允许的态度,“答应”是从言语行为动词转化而来的,还蕴含着言语行为过程。

㉜ 我答应参加。　　　　我同意参加。

㉝ 我答应他参加。　　　我同意他参加。

㉞ 我答应妈妈努力学习　＊我同意妈妈努力学习。

“我答应参加。”与“我同意参加。”只是口语、书面语的差别,可是“我答应他参加。”与“我同意他参加。”意义却大不相同,二者用于“Np_1 ～ Np_2 V”中时,“答应”的主体与V的主体重合,“同意”的主体与V的主体重合时,V的主体必须删除(我同意〈我〉去),V的主体一旦出现,则和“同意”的主体必不一样。Np_1、Np_2是“答应”的言语行为主体、客体,在“同意”句中,Np_2不是言语行为客体。

“恨不能V—盼望V”:

二者后面事件V的主体与句子的主体可能存在差异。“盼望”后面的事件V的主体可以和“盼望”主体重合,也可以不重合;而“恨不能”后面的事件V的主体一定和其主体重合。

㉟ 我盼望爸爸早点回来。　　＊我恨不能爸爸早点回来

㊱ 我盼望儿子早点长大。　　＊我恨不能儿子早点长大。

“警戒$_1$—警惕”:

“警戒$_1$”是言语行为动词,和“警告”意义更为接近,有致使义,除了动作行为的对象,还有言语行为的对象,“警惕”是心理动词,和“小心”意义接近,不包含言语行

为的过程。

“庆贺/庆祝—祝贺”：

这三个词都传达高兴的情绪，“庆贺/庆祝”高兴的心情是通过举行宴会、或其他活动传达出来，是动作行为动词，“祝贺”高兴的心情是通过言语行为传达出来，是言语类动作行为动词。因此“祝贺”除了情绪类动词的语义角色之外，还有发话者、听话者两个和言语行为有关的语义角色。

“赞扬—赞美”：

“赞扬”听话人与情感客体一般不重合，类似于“抱怨”，需要一个听话者角色，虽然这个角色在上下文中不出现；“赞美” 听话人与情感客体可能重合也可能不重合。比较：

㊼ 我赞扬你。

㊽ 我赞美你。

“你”在“赞扬”行为发生时一般不是听话者，这句话不是当面的言语行为，是一种转述，蕴含着第三方听话人，而且听话人必须是复数；“你”在“赞美”行为发生时可以是听话者，可以是当面的言语行为。

目前格语法、配价语法研究领域对于语义角色的重叠情况及其规律还缺乏深入的研究，这方面的工作只能建立在对每一个谓词个案作出了透彻的分析的基础之上。

四、语义角色默认值差异

（一）语义角色默认值

格关系是深层语义关系，我们知道语义结构与句法结构是一对多关系，二者之间并没有固定的对应。谓词可以在自己同侧同时带两个不同的语义角色，或者虽然只能带一个语义角色，但角色关系却有两个以上的不同解释，此时在句法表现上是相同的。在相同的句法形式下对应于哪一种语义关系，往往会有所不同。但是句法结构和语义结构之间却有一种强势联系，表现在：(1)同时带两个语义角色的谓词，当后面只出现一个体词性成分的时候，我们把使“V＋N”在句法上成立的那种语义角色称之为该谓词的语义角色的默认值。(2)只能带一个语义角色的谓词，在没有任何语境的帮助下，充当语义角色的体词性短语也不出现，使句子语义上能够成立的那种语义角色称之为该谓词语义角色的缺省元，也即默认值。

前者举“偷”和“抢”为例来说明。陆丙甫指出，汉语“偷”和“抢”的差别是能不能只说出遭偷抢的人而隐去被偷抢物，“抢”可以隐去被抢物，而“偷”不能隐去被偷物，[124]沈家煊也指出，“偷”的被偷抢物可以隐去，而“抢”不可以。[125]换一个角度讲，在后面只有一个名词的“VNp”格式中，“偷 Np”中的“Np”必须承担受事的语义角色，否则不能成立，而“抢 N”中的“N”则不存在这种语义角色的强制赋值的问题，理解为被抢劫人和被抢走物均可。

⑲ 小偷偷了 20 元。（受事）

⑳ ＊小偷偷了张三。

㉑ 那个人抢了李四。

㉒ 那个人抢了 20 块钱。

当“张三”是一个婴儿，被作为一个物品一样偷走，发生了位置移动时，“小偷偷了张三”才成立，在其他正常情况下，这个句子若成立，受话者从意念上会在“张三”的后面加上财物之类的概念，“偷”仍然只与“张三”的东西发生联系。这样，当“偷”后只有一个名词角色 Np 的时候，Np 固定被赋予了受事角色，我们把“N”所承担的受事的语义角色强制赋值称为“偷”的语义角色默认值。而“抢”后的“N”理解为两种语义角色均可，没有语义角色默认值。这种语义角色的强制赋值是表层语法结构和深层语义结构之间有理据的约定俗成，反映了句法结构和语义结构之间有条件的固有对应。对语义角色默认值的描写也是谓词配价描写不应忽视的内容。同义词组内不同成员，有的会有语义角色默认值，有的则不存在默认值问题，或者默认值不一样。考察谓词的语义角色默认值可以为同义谓词的辨析提供帮助。

（二）语义角色默认值有差异的谓词同义词组

“批评—责怪”：

“批评”和“责怪”都是损害客体言语行为动词，又是表情动词，通过言语行为表达了对于对象的不满意，作为言语行为动词，其所关涉的语义角色为“主体＋V＋对象”，作为感情动词，其所关涉的语义角色为“主体＋V＋对象＋因事”，“批评”、“责备”后面都可以同时带“对象”、“因事”两个角色（批评某些人贪污受贿、责备她迟到),二者的区别是"批评"可以出现"对象""因事"其一(批评他、批评贪污受贿的现象),"责怪"后面若只有一个语义角色,则这个语义角色只能是"对象",不能是"因事"(责怪他,* 责怪迟到的现象)。

"恭喜—祝贺":

二者与"批评—责怪"相反,是有益客体言语行为动词,也是表情动词,都可以带对象和因事。对于"恭喜"来说,受事是不可省略的语义角色(单用除外),因事则可有可无。也就是说"恭喜"后面若只有一个名词性成分,将被强制解释为受事也即言语行为对象。而"祝贺"受事经常省略,甚至有时候难以说出受事(热烈祝贺京九铁路提前铺通),和"受事"相比,"祝贺"和因事的关系更密切,因此有众多的祝贺节日、祝贺生日之类的"祝贺+因事"的说法。"恭喜+因事"的说法也有,比如"恭喜发财"之类,不过此时二者的因事有质的差别:"祝贺"的因事都是已然的,是对象已经拥有的事件结果;"恭喜"此种情况下的因事都是未然的事件,是没有发生的,此时"恭喜"的意义已经与二者的共同意义——"道贺"差距太远,是"祝愿"的意思,实际上应该另立义项。

"抱怨—埋怨":

前文我们详细地分析了二者情绪类心理动词和言语行为动词两套语义角色以及这两套语义角色之间的重合情况,在分析中我们发现,"埋怨 N"中的 N 既是言语行为的对象,又是不满情绪指向的对象,还是因事的主体,这三者重合为一;具有强制性。而"抱怨 N"后的 N 一般不是言语行为的对象,是不满情绪指向的对象,是因事的主体。

"小心—警惕":

"小心"后面可以是对象(小心他),也可以是受事(小心小动作);"警惕"的后面若只有一个体词性成分,这个体词性成分一定是受事(警惕小动作),不能是对象(* 警惕敌人)。"小心"不存在语义角色的默认值,"警惕"则以受事为语义角色默认值。

"瞒—隐瞒":

"瞒"的默认客体是对象,"瞒…"中结构中"…"一般为人;"隐瞒"默认客体是动作受事,如"隐瞒实情"。

对语义角色默认值的差异还需要更进一步的研究,时间的原因,这里的研究不是穷尽性的,仅仅是举例说明问题。

第四章　谓词同义词相同角色关系下的语义属性差异

一、语义属性

（一）语义属性的定义

语义属性，指谓词所组合的体词性短语区别于其他体词性短语的语义特征（Semantic Feature），切夫称为语义规定性。义素分析法用这一术语表示某个词的意义构成成分（components），我们在这里取其狭义，专指一个体词性成分区别于其他体词性成分的语义特征，比如所属类别有生无生、物体事件、具体抽象、个体集体的差异，相同类别下数量信息、社会地位、评价特征、所属者等其他属性差异。处于相同的语法关系及相同的语义组合关系框架下的谓词同义词组内成员，对与之组合的语义角色可能具有不同的语义属性要求，这在我们的研究思路中是区别谓词同义词的最后一道手段，也是最复杂、最繁琐，却最有用的一个手段，根据我们的辨析实践，谓词同义词组内成员几乎都可以从其对语义角色的不同属性要求上找到区别，当然极少数确实是口语和书面语差别的谓词同义词例外。

语义属性既可能是语言知识，也可能是真实世界的知识。语言知识比如名词的指称是有指还是无指、单指还是通指、定指还是不定指、实指还时虚指；[69]及体词短语蕴含的数量语义信息等。真实世界的知识决定了一个名词短语本身固有的语义属性特征。正如罗素指出的，“事物具有性质，而不是由性质来定义”，[26]按照这一观点，事物独立于它的属性，任何分析都无法穷尽其本质。从这个角度讲，基于真实世界知识的语义属性是无穷的，这也是结构主义转换生成语法等形式主义语法研究回避意义的原因之一。然而语言学发展到今天，再回避意义的研究已经不可能，机器对自然语言的理解最终是基于语义的理解，[126]计算语言学的发展历程表明，语言研究如果继续回避意义，将意义研究摒弃在语言之外的话，必将失去存在意义。

（二）语义属性描写的发展历程

对名词组的语义属性描写国内外 20 世纪 70 年代以后才广泛地开展研究，但对语义属性的描述最早恐怕要追溯到古希腊的大哲学家苏格拉底，他对钓鱼人的语义分析就考虑了该名词所蕴含的深层事件结构，包括想获取客体的来源（外部、自己生产）、获取客体的方式（强力、交换）、获取客体的生命值（活物、死物）、获取客体的处所（水中、陆地）、获取客体的时间（白天、晚上）、获取客体的工具（钩子、叉子等），如图 4-1 所示。[127]这种分析的广度和深度对我们的研究极有借鉴和指导意义。

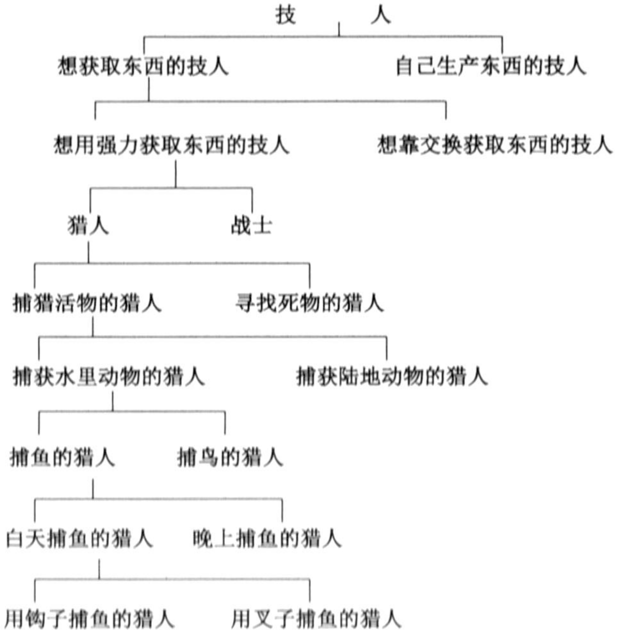

图 4-1　苏格拉底对“钓鱼人”的语义分析

作为对结构主义语言学的一次革命的转换生成语言学，为了解决生成过程中产生的“桌子吃鸡”之类的违反真实世界语义规则的句子，逐步发展出了一套词汇嵌入的选择限制规则和投射规则，用以检验句子的合格性。切夫比较重视名词短语的语义属性的描写，与转换生成语法所主张的句法深层结构的合格性决定着句子的合格性不同，他认为，“是语义结构决定着句子的合格性”。[46]菲尔墨的格理论本身也非常重视名词的语义属性，他认为各不同名词所提供的框架环境决定着动词的选择。切夫、菲尔墨二人在名词短语的语义属性描写方面的工作对我们很有启发。

作为韩礼德“词汇是最精密语法”这一观点的践行者，Berry 利用语义属性构建了与动物有关的名词的语义网络。在他的语义描写网络中，除了常用的性别、成熟程度、生命度以外，把动物们的生活场所也作为属性特征，如在野外，还是跟人类一起生活，跟人类一起生活又进一步区分为在家庭还是在农场。[16]他对动物的语义属性描写为我们提供了可资借鉴的宝贵经验。

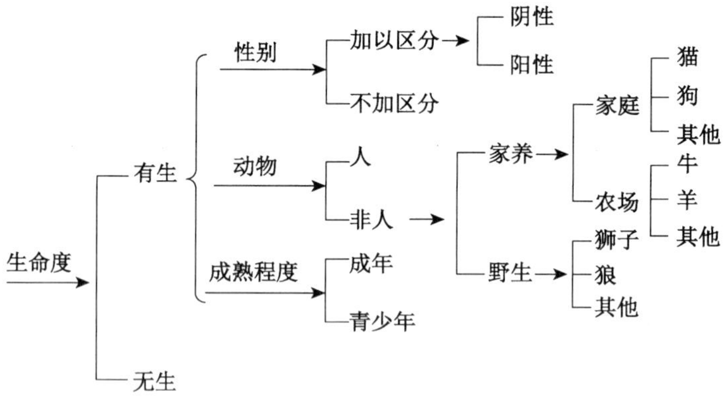

图 4-2　Berry 的与动物有关的词项的语义网络

对语义角色的语义属性进行描写和研究对于现代语义学来说，已经是势在必行。在俄罗斯，Падучева E. B. 编制的词汇信息中心把题元(语义角色)作为动词义项的四项描写内容之一(其他三项分别为形态特征、分类范畴、释义)，重视描写题元的次范畴特征(要求哪些典型的主、客体)。[128]在我国，徐烈炯提出汉语的语义研究要突破只研究语言系统内部词语和词语之间的语义关系(即内部语义学)的内容局限，要和国际接轨，研究词语跟外部事物之间的关系，诸如指称、真值、前提、外延、可能世界等，以填补汉语语义研究的空白地带。[129]《同义词词林》将名词分为人、物、时间与空间、抽象事物四大类，每一类下面又分若干小类，小类下面再分若干小类，[130]为以后的语义属性描写研究奠定了坚实的基础。真正大规模的对名词短语的语义属性的描写是在汉语信息处理领域，源于这一领域对语言知识的渴求。他们的描述不仅规模大，而且具备了一定的系统性，分类标准不统一的现象有了很大程度的改善。905 工程和 973 工程就是在《同义词词林》的分类体系的基础上进行名词短语的语义属性描写的。905 工程是语言信息处理专家陈力为院士主持的“八五”重大科研项目，该工程的语义小组把名词短语分为事、物、时间、空间，描写的最终结果是语义分类树。[64]973 工程是北京大学主持的完成的现代汉语语义分类系统及语义关系描述基本框架，973 工程用“分类 ＋ 属性描述”的方式来标记一个词的语义属性。[131]它所提供的语义属性给我们很大的启发，比如虽然在语义类上都属“人群”语义类，但“人群”“人流”等词可以跟“拥挤”组配（拥挤的人群），而“团伙”“帮派”等则不能（＊拥挤的团伙），因此还需要进一步区分，由此引入了一个新语义属性“场面”来区分这两种不同的体词性成分，将这些看似相似的同范畴名词区别开来。这种运用对比得出语义属性的方法给人以很大的启发。

董振东的知网采取了概念加属性值的描写方法，对于一个词首先确定其所属的概念，然后用一系列的属性及赋值加以描写，以概念为统、以属性赋值为别，以逐步构建人类知识的完整体系，目前知网 2005 版已经对 44 828 个名词做了知识（语义属性）表述，[132]达到了较大的规模。

自然语言处理领域为了建构知识库而进行的语义属性描写正如火如荼地展开，取得了一定的成果，但是面临的挑战也不容忽视。首先是量的方面，相对于人类在长期的生活、生产、社会实践活动中逐步积累、不断扩展和深化的知识总体，现在所做的工作尚属九牛一毛。信息处理用的汉语语言知识库，是一个包括语言内的词汇语法知识，及语言外的常识、公理等自然世界知识的全集。由于这个全集十分复杂庞大，且充满了各种各样的广泛的语义关系，一下子就建立一个完善的语义网络是不可能的，必须“先建立一个属于这个全集的一个子集，然后逐步扩充、完善、逼近全集”。[133]

其次是质的方面，任何的语义分类体系都有漏洞，都不能涵盖全部的客观事实。如对体词的某些属性赋值不彻底，[±人工]属性值可以赋予除了时间之外的一切具体万物,各家一般只对“非生物”予以[±人工]的属性赋值,实际上“生物”也可以加以[±人工]的属性赋值描写,具有[人工]痕迹的生物是家养的,不具有[人工]属性的生物是野生的。语言知识是人类对客观世界认识的总体,从不同的角度观察就可能有不同的认识结果,则应该有不同的属性赋值,比如“学校”,是一个机构,它的上位概念是组织,但同时它表达了一个处所,占有一定的空间,它的上位概念还可以是空间。再比如“建筑”一类,是一种物体,从其占据一定的场所能够容纳其他物体来看,则又属空间一类。再如生物一类,当用来作为烹饪的原料的时候,又应该属于材料一类,语义知识的描写怎样智能适应人类认知视角的转换,也是一个亟待解决的问题。

总之,汉语语义知识库的建设,要应对以上挑战,以达到提高自然语言处理质量的目的,还有很长的一段路要走。

(三)本书语义属性描写方法

自然语言处理领域对语义属性的描写是自上而下的,先假设一个涵盖人类所有知识的语义树,然后用各种属性来区分语义树中的不同节点。这样做的优点是具有系统性,能够方便地为机器翻译所用。缺点是并不能很好地控制同义、近义语码的选择,比较粗疏,短时间内难以做到细致深入,实用性受到影响。本书进行语义属性描写,对名词短语的语义属性进行自下而上的观察,通过对处于相同格关系框架中的不同谓词所组合的体词性短语的语义属性的观察,找出它们的差异所在,从而真正在语码选择上起到控制作用,具有细致、实用的特点,研究的最终目的也是在此基础上归纳概括形成一个反映人类所有知识总集的语义网络,但是这项工程是极其浩大的,需要集众多研究者的合力才能完成。

本书首先考察谓词同义词承担相同语义角色的体词性短语的类型范畴差异,如有生/无生、具体/抽象、事物/事件、个体/集体等,然后考察体词短语蕴含的数量信息、评价特征、社会地位、主体意愿、其他对立等属性差异。

二、语义角色的类型范畴差异

谓词同义词组内成员与体词性成分组合以后,在语法关系和语义角色关系相同的情况下,承担各自语义角色的体词性短语在所属类别上可能存在差异。以往的同义词研究者常用语义侧重来辨析谓词同义词,谓词的语义侧重可以从语义角色的类型范畴特征上得到显示。如很多研究者从语义侧重上辨析“抱怨”与“埋怨”,他们的结论并不统一,见表4-1。

表4-1 “抱怨”和“埋怨”的语义侧重

观点 词目	张志毅	高庆赐[134]	刘叔新、邓守信[65]	佟慧君[135]
抱怨	责怪	怨恨	不满	不满
埋怨	责怪	责怪	责备	因事情不如意而不满

我们通过语料调查发现了“抱怨”对物、“埋怨”主要对人也可对物的使用倾向,调查结果正和各家词义着重点的说法吻合——“责怪”对象只能是人,“不满”的对象可以是人和物,从而将语义侧重点用角色的范畴特征客观地显示了出来。褒义词、贬义词可以从相关语义角色的评价特征上得到显现。

类型范畴是人类对客观事物的认识和分类的结果,有不同的分类标准就有不同的范畴,理论上是无法穷尽的,本书暂从有生无生、物体与事件、个体与集体、具体与抽象四个范畴加以研究。

(一) 有生名词与无生名词的差异

Hopper & Thompson 提出了一个“生命度”的术语,该术语反映了不同名词短语作为主体发出动作可能性的大小,生命度越高,则可能性越大,反之,可能性就越小。[136]谓词同义词组内不同成员对与之结合的名词短语的生命度有不同的要求,有的要求充当语义角色的名词短语必须是有生名词,甚至要求必须符合有生名词内的某个生命度(人、动物、机构、植物),而有的则有生无生俱可,有的则不能是有生名词。有生与无生的差异主要体现在主体和客体这两个语义角色上。

1. 有生与无生的差异

格雷马斯从[±有生]的角度对名词短语作了见图4-3的层级分类。[26]

王静认为有生名词还包括具有行为能力的组织机构,比如机关、团体、学校、企业等,[51]这是对 Hopper & Thompson 观点的有益补充。各种组织机构团体能发出与人类似的动作，我们就以机构来代替这类具有行为能力的名词，其生命度大于动物，小于人，如图 4-3 虚线框所示。机构还表示交通工具等实际无生但有行为能力的名词短语。“植物”的生命度处于[有生]和[无生]的临界点上，按照人们的认知，它属于有生命的物体，但是它几乎没有行为能力，不能移动，因此格雷马斯和王静都将之归入无生物，我们认为是很有道理的。有生无生的差别在名词同义词上有体现，如“生命—性命”，“生命”的主体既可以是人和动物，也可以是植物，在比喻的帮助下其主体还可以是彻底无生的，如政治生命、艺术生命等；“性命”的主体只能是人和动物，不能是植物和无生主体。谓词同义词组内成员对承担语义角色的名词短语在有生无生上有不同的要求。日语中表示存在义的两个词位变体(ある、いる)就是以有生无生为分布条件的。自主动词与非自主动词的差别也常具有主体上的[±有生]的差别，自主动词是有生主体，非自主动词是有生或无生主体。如“鞭策”的主体是事件([－有生])，“督促”的主体是人([＋有生])。其他还有“遍及—普及$_2$”“抵偿—赔偿”等。汉语中具有这类差异的谓词同义词还有“低—矮”“嘹亮/响亮—洪亮”等。

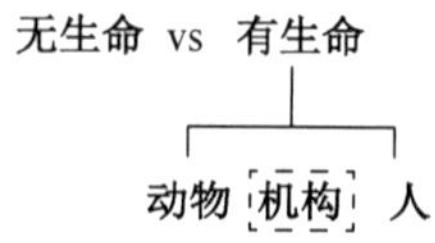

图 4-3　格雷马斯从[±有生]的角度对名词的分类

“低—矮”：

“低”的主体[－有生]，“矮”的主体必须是 [＋有生](构词中的除外，如矮墙)

“嘹亮/响亮—洪亮”：

这三个词都是说声音的，“嘹亮/响亮”声音的所属主体[±有生]，“洪亮”则必须[＋有生]且只能是[＋人]。“嘹亮”和“响亮”二者也是有差别的，“嘹亮”多用于人和动物的声音，较少用于无生物，“响亮”较常用于无生物发出的声音。

“安全—平安”：

二者都可以是有生主体，但是“安全”的主体还可以是无生的环境，“平安”的主体只能是人。

① a 这里很安全。　　　　　　b＊这里很平安。

“仔细—细致”：

“仔细”的主体一般是[＋有生]且一般是人或者人的活动，“细致”的主体除此之外，还可以是[－无生]，如物品的做工等(这幅画手法很细致、做工很细致)。

"威严—庄严":

"庄严"的主体一般是[－有生],"威严"的主体一般是[＋有生]。

"周到—周全":

二者都既可以用于考虑、计划等思想内容,又可以用于照顾、服务等对人的举止。它们的差别是"周到""更多、更适合用于第二类对象","周全""更多、更适合用于第一类对象"。[100]我们通过对语料的调查发现,"周到"是状人形容词,形容人的属性;"周全"的是描写人的动作行为的,是状动形容词。性状的语义扩张使"周到"也可以形容动作行为作状语;而"周全"也可以作定语,不过不是用来修饰的人的:

② a 这个人很周到。 b * 这个计划很周到。

③ a 这个计划很周全。 b * 这个人很周全。

"虚假—虚伪":

"虚假"的主体一般为无生的;"虚伪"的主体必须是有生主体人,或者与人相关的动作、表情等。

"危急—危险":

"危急"的主体是只能是时间成分,具有[－有生]的语义属性;"危险"的主体类型比较多,人、动物、处所、时间都可以,具有[±有生]的语义属性。

"鼓励—激励":

"鼓励"主体是[＋有生],包括人、机构。人用说话的方式,或者用财物等,但是方式义在句子里一般不出现。"激励"主体[－有生],不能是人,而是某个人的言语行动、某种事迹等(他的事迹、老师的话)。

"指引—指导/指挥":

"指引"的主体[±有生],"指导"和"指挥"的主体必须是[＋有生]且必须是[＋人]。

"抑制$_2$—遏制":

"抑制$_2$"的主体必须是[－有生],"遏制"的主体[±有生]。

"掩盖—掩饰":

"掩饰"的主体只能[＋有生]且必须是人,"掩盖"的主体可以是物(大雪掩盖了一切)。

“占领—占据”：

“占领”的主体必须是[＋有生]，包括人和军队及其他具有行为能力的机构，“占据”的主体可以是[±有生]，无生主体如工作、恐惧、姑娘的倩影等。

“停滞—停止”：

“停滞”主体必须是[－无生]，“停止”的主体可以是[±有生]。

“招呼—召唤”：

“招呼”的主体只能是[＋有生]且必须是人；“召唤”的主体可以是无行为能力的名词(时代、历史、未来、生活等)，虽然是一种修辞用法，但是有固定下来的趋势。

“打架—打仗”：

二者主体人、动物、与组织机构及物的生命度属性差别见表 4-2。

表 4-2 “打架—打仗”的主体生命度差异

	人	动物	国家	思想
打仗	√	*	√	√
打架	√	√	*	√

“临时—暂时”：

“临时”主体只能是[＋有生]，包括人或组织机构，不能是物；而“暂时”的主体还可以是物(血暂时不流了。)。

以上是主体有生无生的差别，客体具有这类差别的谓词同义词有“参观—访问”“尊敬—尊重”等。

“参观—访问”：

“参观”的客体必须是[－有生]，“访问” 的客体必须是[＋有生](包括组织机构国家等)。

“尊敬—尊重”：

“尊敬”的对象客体是[＋人](必须是[＋有生])，“尊重”的对象客体除了[＋人]之外，还可以是[－有生]，主要是抽象名词做法、意见、传统、习惯、科学、劳动、人格等。

“驾驶—驾驭$_{1、2}$”：

“驾驶”的客体必须是[－有生]，“驾驭$_{1、2}$” 的客体可以是[±有生]。

"珍爱—珍惜"：

"珍爱"的客体一般不具有可消耗性，"珍惜"的客体往往具有可消耗性（光阴、笔墨、钱财、粮食、生命）。因此"珍爱"的客体可以是[＋有生]（一般是人），也可以是[－有生]，"珍惜"的客体一般是[－有生]（＊珍惜工人、＊珍惜士兵）。

"安葬—埋葬$_{1、2}$"：

"埋葬$_1$"是具体客体，"埋葬$_2$"是抽象客体（埋葬过去、埋葬回忆），此时客体具有[－有生]的语义特征；"安葬"只能是有生命客体，而且一般是人。

"放弃—丢弃/抛弃"：

"放弃"的客体既可以是体词性的（这座城市），又可以是谓词性的（读研、竞选等），但都具有[－有生]的语义属性；"丢弃"的客体可以是[±有生]，"抛弃"的客体只能[＋有生]且必须是人。

"偏向$_{2、3}$—倾向"：

"偏向$_3$"的客体一般是[＋有生]的，一般是人或机构；"偏向$_2$"的客体一般是谓词性的事件，此时跟"倾向"有换用的可能。"倾向"的客体不能是人，即使有"倾向于 Sb."这样的说法，Sb. 后面也蕴含着某人的意见、想法等词，客体并非 Sb. 自身。

"伺候—侍弄$_1$"：

"伺候"的客体[＋有生]且一般是人；"侍弄"的客体[±有生]，若是有生客体，不能是人，只能是动植物。

"违犯—违抗"：

"违犯"的客体是法律、规定等无生的律条，具有[－有生]的语义属性；"违抗"的是人或人的命令，具有[＋有生]的语义属性。

"伤害—损害"：

"伤害"的客体一般是[＋有生]，且必须是人，延伸出去可以是人的感情，"损害"的客体 [－有生]（＊损害了他）。"伤害了她的感情"和"损害了她的利益"都成立，但是"感情"和"利益"跟所属者的关系是不同的，"感情"当然跟所属者的关系更近，而"利益"已经是不折不扣的身外之物。

"消灭—消除"：

一般说来"消除"是无生客体，"消灭"是有生客体，包括人、动物和机构，或者无生客体。（消灭荒山、消灭传染病等）

“歼灭—消灭$_2$”：

“歼灭”的客体必须是[＋有生]且只能是人；“消灭$_2$”的客体可以是[＋有生]、[－有生]。

“关怀—关心”：

“关怀”的客体[有生]且必须是人；关心的客体可以是人，也可以是物(关心物价)，其语义属性是[±有生]。

“赞美—赞扬”：

“赞美”的客体可以是人，也可以是物(赞美大自然)，其客体[±有生]；“赞扬”的客体只能是[有生]，包括人及人的某些属性、机构的良好行为。

“挽回—挽救”：

“挽回”的客体一般是[－有生]，“挽救”的客体[±有生](挽救他、挽救婚姻)。

“轻视—鄙视/蔑视”：

“轻视”的客体既可以是有生，也可以是无生的(轻视问题、现象)，“鄙视/蔑视”客体一般是有生的，且一般是是人或人的行为。

2. 有生名词中人与动物的差别

谓词同义词所组合的语义角色都要求具有[＋有生]的语义属性，然而他们的生命度不同，有的要求该名词必须是人，有的要求该名词必须是动物，也可能不作要求，人和动物均可。

“肥$_1$—胖”：

一般情况下“肥$_1$”的主体必须是动物；“胖”的主体必须是人。

“愚蠢—愚昧”：

“愚蠢”的主体可以是人、动物；“愚昧”的主体只能是人，不能是动物。

“温柔/温存$_2$/温和$_2$—温顺”：

“温柔/温存$_2$/温和$_2$”的主体只能是人；“温顺”的主体可以是人、动物。

“死$_1$—逝世/去世”：

“死$_1$”的主体可以是[人]、[动物]、[植物]，它是通用词，“逝世/去世”的主体必须是[人]，撇开它们语体色彩上的差异不谈，同为[有生]主体(animate)的一价谓词，他们的主体上的差别见表4-3(以张志毅先生《简明同义词典》为基础绘制)。

表 4-3　“死$_1$”与“逝世/去世”的主体差异

主体类型＼词目	[有生]主体			
	人[＋HUMAN]			动植物[－HUMAN]
	成年[＋ADULT]		未成年[－ADULT]	
	有地位	无地位		
逝世	＋	－	－	－
去世	＋	＋	－	－
死$_1$	＋	＋	＋	＋

“奔走$_1$—奔跑”：

“奔走$_1$”的主体必须是[人]；“奔跑”的主体可以是[人]、[动物]。

“咬—叮”：

“咬”的主体可以是[动物]、[人]；“叮”的主体必须是[动物]。

以上是主体人与动物的差异，客体具有这方面差异的谓词同义词如：

“安葬—埋葬$_1$”：

“埋葬$_1$”用于有生客体时既可用于人，也常用于动物；“安葬”的客体只能是[人]。

“把持$_1$—操纵$_2$”：

“操纵$_2$”的名词对象可以是人或机构，“把持$_1$”不可以。此时“操纵$_2$”与带兼语句的情况下一样，其语义角色关系是使动，应该归入使令动词一类。“把持$_1$”的客体也可以是组织、机构、团体等，但是此时组织、机构、团体的能力义不显化，显化的是事物义，主体控制该事物，不让其他人参与。

④ 李玖在一些人的心目中，已经变成了一个被巫婆操纵，不断制造丑闻的人物。

⑤ ＊李玖在一些人的心目中，已经变成了一个被巫婆把持，不断制造丑闻的人物。

⑥ 他只需要一种推动自己的能力和如何操纵别人的能力。

⑦ ＊他只需要一种推动自己的能力和如何把持别人的能力。

"恐吓—吓唬":

"恐吓"的客体只能是[人];"吓唬"的客体可以是[人]、[动物]。

"歼灭—消灭$_2$":

在客体都是有生的情况下,"歼灭"的客体只能是[人];"消灭$_2$"的客体可以是[人]、[动物]。

3. 有生名词人与机构的差别

谓词同义词所组合的语义角色的生命度的差异体现在[人]与[机构]上。

"奔走$_1$—奔跑":

"奔走$_1$"的主体必须是[人];"奔跑"的主体可以是[人]、[动物],还可以是陆地交通工具。

"尊敬—尊重":

"尊敬"的主体一般是[人],不能是[机构];"尊重"的主体除了[人]以外,还可以是[机构],以下两列都必须用"尊重"。

⑧ *我党尊敬老师、尊敬人才。

⑨ *政府尊敬为社会发展做出了巨大贡献的人。

"资助—援助":

"资助"的主体可以是[人],也可以是[机构](团体或政府行为);"援助"的主体一般是[机构],很少是[人]。

"回顾—回忆":

"回顾"的主体可以是[人],也可以是[机构](团体或政府行为);"回忆"的主体一般是[人],不能是[机构]。

"救济—接济/周济":

"救济"是政府行为,其主体只能是[机构];"接济/周济"是个人行为,其主体只能是[人]。

"招呼—召唤":

"招呼"的主体只能是[有生]且必须是人;"召唤"的主体除了[人]之外还可以是[机构](祖国、党等)。

以上是主体[人]与[机构]的差别,客体具有这类差别的谓词同义词有"安葬—埋葬$_2$""视察$_1$—观察"等。

"安葬—埋葬$_2$"：

"埋葬"可是机构客体(埋葬蒋家王朝)；"安葬"不可。

"视察$_1$—观察"：

"视察$_1$"的客体是场所或者[＋机构]，不能是单独的实物或人；"观察"的客体既可以是场所或者[＋机构]，也可以是单独的实物或[＋人]。

（二）物体名词与事件名词的差异

1. 物体名词与事件名词

一般认为名词表示事物名称，事物内部还可以分出截然对立的两个方面，一是表示人或物体的名词，二是表示"事件"的名词。所谓事件名词是指该名词不表示人或物体，而是表示事情或现象，如学潮、会议、典礼、战争、车祸等，事件名词也包括在语法上所说的动名词如贪污、腐败、受贿等。

前文所介绍的三个有重大影响的语义分类体系都有物体名词和事件名词的分类。905 工程的语义分类体系是二分：运动类和事物类，事物类下面又分"事""物"等五类。北京大学 973 工程的语义分类体系是"事物""性状""运动"，分别对应于名词、形容词、动词三大词类系统。对应于名词的是"事物"其下又分出两类，一类是"事"，一类是"物"。知网也有事件的分类，他既不属于具体(物质)，也不属于抽象(精神)，单独立类。"事"与"物"虽然同属名词，但的确是不同的语义范畴。正如 905 工程的语义分类体系所指出的，"事"具有时间延展性，"物"具有空间延展性。[137]事件名词跟谓词的性质很接近，二者是相通的，我们把谓词性词语和小句充当的语义角色也算作事件名词的范围之内。

2. 语义角色物体与事件差异的谓词同义词组

在某一相同语义角色上具有此类差异的谓词同义词组有"尊敬—尊重""愚蠢—愚昧"等。

"尊敬—尊重"：

"尊敬"的客体只能是体词性的人，"尊重"的客体除了体词性的人，还可以是谓词性的事件(尊重你的选择、尊重你的决定)。

"愚蠢—愚昧"：

"愚蠢"的主体可以是人的动作等事件名词(愚蠢的选择、举动、决定)，"愚昧"的主体只能是属于物体名词的人及人的思想等。

“锋利—锐利”：

“锋利”的主体只能是体词性的，“锐利”的主体还可以是谓词性的，如“锐利的进攻”。

“付出—贡献”：

“付出”的客体既可以是物（青春、代价），也可以是谓词性的辛劳、汗水（代替劳动）、牺牲等；“贡献”的客体只能是物。

“关怀—关心”：

“关怀”的客体[＋有生]且必须是人（或人的某一方面，如关怀儿童的成长），关心的客体其语义属性是[±有生]，除了人之外，还可以是谓词性的事件客体（他只关心中午在哪里吃饭）。

“放弃—丢弃/抛弃”：

“放弃”的客体既可以是体词性的（这座城市），又可以是谓词性的（读研、竞选等）；“丢弃/抛弃”的客体只能是是体词性的。

“推广—推行”：

“推广”的客体是体词性的，如推广普通话、推广新品种；“推行”的客体经常是谓词性的，如推行改革、节约，当然也可以用于体词性的方法、制度等，这时与“推广”有换用的可能。

“接受$_{2}$—接收$_{1}$”：

“接受$_{2}$”既可以带谓词客体（表扬、批评等），又可以带体词客体（礼物等）；“接收$_{1}$”只能带体词客体。

“相信—信任”：

“相信”可带体词客体和谓词性的小句客体；而“信任”只能带体词客体。

“欺负—欺压”：

“欺负”可以带体词客体和谓词性的小句客体（如“欺负我没钱”）；“欺压”只能带体词客体。

“推卸—推脱”：

“推卸”的客体一般是体词性的消极评价意义的，如责任、罪责等，都是来自自身的，都是体词性的，直接跟在动词后面是受事的角色关系（她在推卸责任）；“推脱”的客体有两种，一种是来自自身，如责任、罪责等，也具有消极的评价意义，此时与“推卸”有换用的可能，另一种是来自别人邀请的行动如赴宴、担任职务以及其他工作等，不局限于消极意义，往往是谓词性的。来自外部的邀请的客体，必须以话题或介词介引以对象的身份出现在动词前面(这个宴会我推脱了)，而不能直接用在动词后面(*我推脱了宴会)。

“声援—支持$_2$/支援”：

这一组同义词有点特殊，它们都可以带体词性客体和谓词性客体，但是“声援”不能带小句客体，“支持$_2$/支援”可以带小句客体，构成兼语句。

“把持$_1$—操纵$_2$”：

“操纵$_2$”的客体既可以是体词性的(操纵市场、操纵物价、操纵毒品走私活动)，也可以是谓词性的(操纵选举)，甚至是后接小句，构成兼语句；“把持$_1$”一般只能带体词性的客体，很少带谓词性的客体，不能后接小句构成兼语句。

谓词性客体如：

⑩ a 黑道势力在幕后操纵选举……　　b *黑道势力在幕后把持选举…

⑪ a 谁在幕后操纵这起武器走私活动。b *谁在幕后把持这起武器走私活动

小句客体如：

⑫ a 好像我在操纵你汇报似的。　　b *好像我在把持你汇报似的。

二者的客体类型差异见表4-4。

表4-4　“把持$_1$”和“操纵$_2$”的客体类型

客体类型 / 词目	体词性客体		谓词性客体			
			谓词		小句	
	用例数	比例	用例数	比例	用例数	比例
把持$_1$	162	95.86%	7	4.14%	0	0%
操纵$_2$	223	77.16%	59	20.42%	7	2.42%

“表达$_1$—表示”：

“表达”的客体是“感情”“谢意”之类的事物名词，“表示”的对象是“支持”“感谢”“理解”“同意”“反对”“赞赏”“认可”之类的动词，属于动作事件。

(三) 具体名词与抽象名词的差异

谓词同义词组内成员有的只能同具体名词短语结合，有的只能同抽象名词结合，或者跟抽象名词和具体名词都能够结合。

"混乱—杂乱"：

"混乱"的主体是抽象的(思维、秩序等)；"杂乱"的主体一般是具体的。

"美丽—漂亮$_1$"：

"美丽"的主体既可以是具体名词又可以是抽象名词，如心灵、青春、传说等；"漂亮$_1$"的主体一般不能是抽象名词。

"宽敞—宽广/宽阔"：

"宽敞"的主体是具体的，"宽广/宽阔"的主体即可以是具体的，也可以是抽象的，如心胸、领域、发展空间等。

"渺小—微小"：

"渺小"不是从主体所占据的空间位置来说的，而是就主体某一方面的抽象属性(人的力量、人格，建筑物的气势等)来说的，虽然属性的方面一般可以省略，但是"渺小"的词义直接和主体的属性方面发生联系，词义中带有强烈的主观性；"微小"的主体可以是具体的，占有实实在在的空间位置(微小的颗粒)，也可以是抽象的事物(微小的差距、差异、成绩等)，词义不具有主观性，是一种客观的陈述。

以上是主体具体与抽象的差别，客体具有这方面差异的谓词同义词有"制造—制作""呈现—浮现"等。

"制造—制作"：

"制造"的客体既可以是具体的名词(机器类)，又可以是抽象名词，如矛盾、冲突、爆炸、紧张气氛、谣言等；"制作"的客体只能是具体的。

"呈现—浮现"：

"呈现"的处所客体是眼前、脸上等客观的空间位置，"浮现"的处所客体是脑海中，"浮现"实际上是回忆，"呈现"的处所客体[＋具体]，"浮现"的处所客体[－具体]。

"达到—到达"：

"到达"的主体一般是有生的、有运动能力的；"达到"的主体是无生的，一般是水平、成绩、技能或其他数量等。它们的差别也可以在客体上体现出来,“到达”的客体是[＋具体]的空间场所,“达到”的客体是抽象的。

“保护—维护”:

“保护”的客体可以是具体的,也可以是抽象的,“维护”的客体一般是抽象的,即使是具体的名词,也是对抽象名词的省略(“她处处维护他”实际上是维护他的名声或利益)。

“接收$_1$—接受$_2$”

“接受$_2$”的客体一般是抽象的;“接收$_1$”的客体一般是具体的。

“改善—改良$_1$”:

“改善”的客体一般是抽象的;“改良$_1$”的客体一般是具体的。[12]

“交换$_1$—交流$_2$”:

“交流$_2$”的客体一般是抽象的;“交换$_1$”的客体一般是具体的。“交流$_2$”的客体也可以是具体的,但此时充当客体的名词短语一般是通指,而不能是单指(＊交流一个留学生),这是它与“交换$_1$”不同之处。

“建设—建造/建筑”:

“建设”的客体可以是具体的(建设新农村、建设工业基地),但往往用在抽象的事物上,“建造”与“建筑”都是用在具体的事物上,“建筑”只能用于土木工程方面。

“占领—占据”:

“占领”的客体必须是具体的占有实实在在的空间的名词(阵地、土地、国土等),“占据”的客体既可以是具体的,也可以是抽象的(占据了我的心、占据了他的财产)。

“选择—挑选”:

“挑选”的客体一般是具体的,“选择”的客体还可以是抽象的。

“消灭—消除”:

“消除”客体一般是抽象的(影响、隐患),“消灭”客体可以是具体的,包括人、动物和无生物,也可以是抽象的(消灭剥削、消灭贫困等)。

“掩盖—掩饰”:

“掩盖”的客体既可以是具体的,又可以是抽象的,“掩饰”的客体只能是抽象的

(＊掩饰血迹)。

(四) 个体名词与集体名词的差异

名词按照其指称的是个体还是个体的集合,可以分为个体名词和集体名词两类。个体名词(Individual Nouns)表示某类人或东西中的个体,如:花、书、马等;集体名词(Collective Nouns)表示若干个个体组成的集合体,如:花卉、书籍、马匹等。纯粹的集体名词具有不可离散性,不能指称集合内的一个或多个个体,当然汉语里有很多名词本身既有集体名词的用法,又有个体名词的用法。谓词同义词组内成员有的只能同集体名词组合,有的只能同个体名词组合,有的二者都可组合。

“爱戴—敬爱”:

“爱戴”的主体一般是集体名词,人民、群众等,是虚指;“敬爱”的主体一般是个体名词,是实指。

“愚蠢—愚昧”:

“愚蠢”的主体一般是个体名词;“愚昧”的主体一般是集体名词。

＊愚蠢的民族　愚昧的民族

“愤慨—愤懑/愤怒”:

“愤慨”的主体既可是个体名词,又可是集体名词;“愤懑/愤怒”的主体一般不是集体名词(＊人民很愤懑、＊愤怒的人民),只能是个体名词。

“招呼—召唤”:

“招呼”的主体不能是集体名词(人民、党等),只能是具体的人;“召唤”的主体一般是集体名词。

以上是主体集体名词与个体名词的差别,客体方面具有集体与个体差别的谓词同义词组有“栽培—栽”“种植—种”等。

“栽培—栽”:

“栽培”的后面是植物客体的时候(指人客体意思有变),该客体只能是集体名词,一个典型的例证是中间不能出现数量词(＊栽培了一株黄瓜苗),只能用名词的光杆形式,而光杆形式是通指,是集体名词的用法,或者是其他集体名词,如栽培花卉、栽培黄瓜等,“栽”的客体可以是个体名词。

“种植—种”：

“种植”的客体必须是集体名词，“种”的客体可以是个体名词。

“清除—扫除$_2$”：

二者的客体都是具有消极评价意义的，“清除”的客体指人时一般是个体名词（清除萨达姆、清除异己分子），是单指或指称多个个体；“扫除$_2$”的客体一般是集体名词（扫除文盲），该名词短语是通指。

“付出—贡献”：

“付出”的受益者既可以是个体名词，也可以是集体名词（组织机构也表达了集体概念），“贡献”的受益者只能是集体名词或者组织机构，不能是普通个体名词。

⑬ 为了救女朋友，他付出了自己年轻的生命。（*贡献）

三、语义角色的其他语义属性差异

（一）语义角色蕴含的数量信息差异

语言是现实的编码体系，人类对现实的认识离不开时间、空间、数量三个要素，特别是数量，是人类对于在时间上延展和具有空间属性的实体认识和标记的结果，对时间和空间的度量，也离不开数，语言中数的信息可谓无处不在。名词自不必说，词汇语义中动作的时间量和次数量蕴含着数量语义信息，石毓智将形容词分为量级序列型、极限型、百分比型、正负值型，深刻地揭示了形容词内所蕴含的数量语义特征。[138]格雷马斯用义素分析法显化了人类空间概念体系中所蕴含的数量体系。[139]副词中范围副词和程度副词蕴含着数量信息是不言而喻的，其他副词也往往蕴含着数量信息，比如“才”“就”所表示的“多”“少”的数量语义成分。因此对任何语言的词义描写来说，数的信息都是重要观察维度。英语等语言有单、复数的形态变化，词义数的特征信息通过形态手段加以显化，易于感知。而汉语没有显示单复数信息的形态手段，在单复数有别的情况下，造词时比英语更容易选用不同的编码。如：“单户为门，双户为户”（《说文解字》），再如“犬生三猣；二，师；一，玂。”（《尔雅·释畜·狗属》）。这需要我们从汉语自身的特点出发，在词义描写时深入发掘词义中所蕴含的数特征信息，这对自然语言理解有着特别重要的意义。

对数的语义信息的发掘还能够让我们更好的解释语言现象。“他究竟去?”不能成立,陆俭明先生从形态方面给出了的解释:“究竟”后面必须是有形的疑问成分,[140]如正反问、特指问疑问代词“谁”“什么”等。其实这个“有形的疑问成分”正是“究竟”数量语义信息的体现,其语义是从众多的情况中追问真实的一种,所以它所指向的焦点必须蕴含复数的语义成分,表现在形态上可以为正反问——提供两种选择,也可以为特指问,该特指问的前文语境也提供了复数的语义信息,唯有一般疑问句形式(无形的疑问成分)因其提供不了“究竟”所需的复数信息,所以一般疑问句用在“究竟”后不能成立。

谓词同义词所组合的名词短语蕴含着不同的数量语义信息,这方面差异成为谓词同义词组的重要差异。

1. 交互动词和非交互动词主体的数量信息差异

交互动词其参与动作的一方不用介词介引时,要求充当主体的名词性成分必须是复数,非交互动词则单复数均可。“谈—说”正属此类,这类同义词组详见第二章二、(一)。

2. 语义角色数量信息有差异的其他谓词同义词组

“抬$_2$—提$_1$”:

二者是英美人学习汉语时容易用混淆的两个词(英语都是 carry),有研究者指出两者在着力点上下位置上不同是最大的区别特征,[141]这是它们的重要区别特征,而并非最本质的区别特征,如果两个人搬运筐子都抓着筐鼻儿,着力点是在上面了,但我们在语码选择的时候仍然只能选“抬”,区别二者的决定因素是动作者的数量:“提”只要求一人,“抬”却要求两个人以上,两词所蕴含的动作主体的单复数信息的不同才是两者最大的区别特征。

“激烈$_1$—剧烈/猛烈$_1$”:

“激烈$_1$”的主体一般是争论、辩论、竞争、搏斗等双方的交互性的活动,与交互动词同现;“剧烈”的主体是单方面的(剧烈运动、剧烈疼痛),“猛烈$_1$”用于一方对待另一方的活动中(猛烈击打他的头部)。

“坚强—顽强”:

二者都用来形容人,表示人的某方面的情况。“坚强”表示的人的情况是名词性的某个属性,是单方面的,如形容精神、性格、意志等;“顽强”表示的是人的活动,多用来指主体在双方面的对抗活动中其中的一方使尽自己的力量争取自己希望的结果,是谓词性的,其所修饰的动作涉及主客体两个方面,同样说作风,对一个比赛的球队来说,可以说:“作风顽强”,而描写一个学习的学生,却不能说“作风顽强”,只能说“作风扎实”。“客体可能是有行为能力的名词,如“顽强抵抗”“顽强战斗”等的客体;也可能是没有行为能力的消极评价意义的客体,如“顽强地克服困难”“顽强战胜病魔”等。

“全部—整个”:

“全部 Np”中 Np 是复数,指称符合条件的所有客体;“整个 Np”中“Np”是单数,仅指称一个客体。二者反映了人类的不同认知模式,详见第五章。

“分明—鲜明”:

“分明”主体是双方划界的事物,牵扯到两个事物(爱憎分明、界线分明),二者界限容易分清;“鲜明”是单独一个事物,如观点、立场等。

“明显—清楚$_1$”:

“明显”既可以描写一个事物的存在状态(用意明显、意图明显),此时与“清楚”基本可以换用,也可以表示比较的结果比较容易看出差别,既可以是不同事物的比较(差距明显、差别明显),也可以是相同事物不同时期的比较(进步很明显);因此“明显”涉及到两个事物,或事物两个不同时期,蕴含着复数的语义信息;“清楚$_1$”是描写一个事物的存在状态的,不蕴含复数的语义信息。

“比赛—竞赛”:

“比赛”一般都是有一个对立的双方(田径比赛是对立的多方),而“竞赛”一般是对立的多方。二者拿来作为争胜的项目(客体)也不同,“比赛”一般有一些规定的项目(动作技能方面),“竞赛”在日常学习和工作方面,没有约定俗成的项目,比如“劳动竞赛”“积肥竞赛”“军备竞赛”“学习竞赛”等。客体在入句时的句法安排也不一样,“比赛”作宾语,“竞赛”一般作定语,有时候也可作状语(在 X 方面展开竞赛),“比赛”后面可以带小句宾语。“竞赛”不可以。

以上是主体所蕴含的数的信息的差别,客体所蕴含数的信息有差别如“克复—收复”等。

“克复—收复”:

“克复”的客体一般是单数,“收复”的客体单复数均可。由此带来了二者客体所之上的差别，“克复”的客体一般是具体的，是实指，而“收复”的客体既可以是实指，也可以是虚指(收复了59座城市)。

“履行—执行”：

“履行”的客体往往是双方约定的，牵涉到双方的活动如合同、契约、条约、诺言等。“执行”的客体一般是单方面的如命令、方针、政策、制度、计划等。

“动员$_2$—发动$_2$”：

通过语料调查我们发现，“动员$_2$”客体单复数均可，“发动$_2$”客体只能是表通指的名词。

“提议—建议”：

“建议”的听众可以是一个人也可以是很多人，“提议”的听众是很多人不能是一个人。

“胜利—成功”：

二者都是表示事件的良好结果，其差别是所表示的事件是否是双方的活动。“胜利”既可以表示单独一方所从事事件的良好结果(他胜利完成任务)，也可以表示双方对立的事件的结果，比如比赛、战争、辩论等，“成功”只能表示一个人所从事的事情，经过努力最后取得了个人预期的结果。“胜利”的失败一方是事件活动的对方，“成功”的失败一方仍然是自己。

“赞美—赞扬”：

二者都是言语行为动词，有言语行为的发出者和言语行为的对象这两个不同的角色。“赞美”听话人可以是一个，而“赞扬”听话人不能是一个，必须是复数，多个以上，以下例句不能用“赞扬”：

⑭ *他们互致问候，彼此赞扬着对方的民族服饰。

⑮ *老师向我赞扬我的孩子聪明。

当这种称颂对方的言语行为带着为自己私利考虑的行为动机，且称颂的属性方面非真，就是“恭维”“奉承”。

（二）语义角色评价特征的差异

1. 语义角色评价特征

“人们在接触、认识客观事物或现象时，出于功利目的的驱使，在认知结果中必然加入自己的主观感情，这种主观感情，便成为一种情感上的评价尺度，作为一种成分加进语义之中。”[142]名词短语的评价特征成为名词短语词义中重要的主观语义成分。评价特征的参数主要有“好/不好(坏)”、“真/非真(假)”。“好/不好”是广义上的，包括“善/恶”、“利/害”等“积极/消极”的评价意义。

2. 语义角色评价特征有差异的谓词同义词

具有这方面差异的谓词同义词如“轻视—鄙视/蔑视”“顶$_6$—迎$_2$”等。

“轻视—鄙视/蔑视”：

言语行为主体对“鄙视/蔑视”客体的感情评价是贬义的、消极的、认为不好的(权贵等)，因此，“鄙视/蔑视”动作行为本身被认为是应该的，经常与“敢于”等表示肯定动作行为的词连用，而“轻视”的对象则不具有这样的感情评价，动作行为本身被认为是不应该的，一个明显的例证就是“轻视”不能同“敢于”连用。

“顶$_6$—迎$_2$”：

“顶$_6$”的客体是消极评价意义的，如寒风、大雨、压力等；“迎$_2$”的客体是积极评价意义的，如春风、朝阳等。

“发动$_1$—发起$_2$”：

“发动$_1$”客体一般是战争之类带有消极评价意义的事件；“发起$_2$”客体可以是有积极评价意义的如“挑战、冲击、进军”等。

“不如—没有(一)$_4$”：

二者在表示比较时是同义词，二者的差别是在“A＋X＋B＋V”格式中“不如”要求V必须是积极评价意义的，而“没有(一)$_4$”中的V既可以是积极评价意义的也可以是消极评价意义的。

“庇护—袒护”：

“庇护”的客体既可以是积极评价意义的，也可以是消极评价意义的；“袒护”的客体只能是消极评价意义的，这也是二者不同感情褒贬色彩的来源。

“推卸—推脱”：

“推卸”的客体是消极评价意义的罪责、责任等，“推脱”的客体还可是积极评价意义的，如来自别人邀请的行动等，详见本章二、(三)。

“打消—消除”：

“打消”的对象可以是消极意义评价意义的(顾虑、疑虑、怀疑、恐惧)，也可以是中性的(念头等);“消除”的对象只能是消极评价意义的,例如:疲劳、不良影响、误会等。

“克制—抑制$_2$”:

“克制”的客体是消极评价意义的,“抑制$_2$”的客体是消极或积极评价意义的。

“忠诚—忠实$_1$”:

二者在主体评价意义上存在的差别:“忠诚”的主体必须是有积极评价意义的人,“忠实”的主体可以是消极评价意义的人(奴才、走狗等)表现在感情色彩上,就是褒义词与中性词的差别。

“放弃—丢弃/抛弃”:

“放弃”的客体在动作主体看来是有价值的,出于某种客观原因,而不得不停止拥有或停止追求;“丢弃/抛弃”的客体在主体看来,是没有价值的,或者厌恶了的。因此前者是积极评价意义的,后者是消极评价意义的。

“有点儿V—V一点儿”:

这里的“V”是形容词,“有点儿V”中的“V”言语行为主体对其评价是消极的,或者是贬义的,不符合说话人的心理预期,是说话人不希望的情况或变化,[63]“V一点儿”中的“V”符合说话人的心理预期,是说话人希望的情况或变化。当然需要注意的是这种评价色彩并没有融入“V”的词汇语义之中,是格式所赋予的,带有语境中的临时性。

“认为—以为”:

这里先撇开二者所蕴含的事件是否发生的时体差异不谈,要区分这两个词离不开对“前提”的描写:“以为”存在这样一个前提,说话者原先有一个关于事件的猜测或估计S,到说话时间为止,说话者已经接收到新的信息,知道自己原先的猜测或估计S是错误的,但是为了解释自己的表现或者消除误会(或者其他的言语行为目的),他仍然有必要把S告诉听话人知道。所以,“以为”在语境中的功能意义是“解释”。“认为”存在着这样一个前提,说话人在需发表意见或者建议的言语行为场合(语用场合),把自己的关于某个事件的看法、意见S^1发表出来以让别人知道,这个S^1至少在说话人看来,是正确的,优化的。S^1是对事情怎样做的建议,往往是未发生的。由此我们看到,S是消极评价意义的,S^1是积极评价意义的。由此带来的二者言语行为的御用目的也截然不同。“以为”的语用目的是解释,“认为”,语用目的是告知。

“赞美—奉承”：

“赞美”言语行为涉及的客体的属性方面是真实的，是的确有优点而表扬；“奉承”言语行为涉及的客体的属性方面是假的。[4]

“忏悔—后悔”：

“忏悔”因事中的动作一般是违法的，被全社会成员评价为负面的事件(忏悔自己的过错)，“后悔”的事情则是全社会成员评价正面(后悔当总统)、中性(后悔来中国)、负面均可(后悔做了那件坏事)。

“恨不能—盼望”：

“恨不能”中的动作可以是贬义评价(恨不能杀了他)，而“盼望”的动作不可以是贬义。

(三) 语义角色的社会地位差异

1. 语义角色的社会地位

社会地位是一个相对的概念，这种相对，或者是不同谓词充当相同语义角色的名词短语的社会地位的比较，或者是同一个谓词内部主客体之间的社会地位差异。前者如“爱戴—敬爱”，后者如“关怀—关心”。

2. 语义角色的社会地位有差异的谓词同义词

具有这类差异的谓词同义词如“爱戴—敬爱”“关怀—关心”等。

“爱戴—敬爱”：

“爱戴”的客体必须是非常伟大的人物，一般是领袖级别的，“敬爱”可以用在身边的领导、老师、长辈身上。

“关怀—关心”：

二者主体地位上存在的差别：“关怀”的主体比客体地位高，一般是领导、长辈、或者政府、团体。“关心”的主体除此之外还可以与客体处于平级的地位，比如朋友和其他普通人。

“视察$_1$—观察”：

“视察$_1$”的主体是从比客体地位高的机构中来的，“观察”对主体的地位无要求。

“给—赐”：

“给”对主体和客体之间的社会地位不作要求，即可以是高对低，也可以是低对高及平辈；“赐”必须用于地位高的主体对地位低的客体，且主体的地位是国王级别的。

“表扬—表彰”：

“表扬”对主体和客体之间的社会地位不作要求，即可以是高对低，也可以是低对高及平辈；“表彰”不能用于平辈之间以及地位低的主体对地位高的客体。

“供养—赡养”：

关于这两个词，张志毅先生指出，“赡养”的客体是家庭中的成员如父母、子女或其他法定的家族中的成员，应有直接或间接的血缘关系，未必是长辈；“供养”则未必有家族血缘关系，一般是长辈、年长者、领导等，[143]二者客体的属性特征可以用表 4-5 说明。

表 4-5 “供养”和“赡养”的客体社会地位差异

差别项／词目	直接或间接的血缘关系	长上
供养	+−	+
赡养	+	+−

“伺候—侍候—服侍”：

张志毅从这三个词的客体属性上进行了辨析，指出三者都可以用于人，都可以用于对长、对上、对尊，其客体属性上的差别主要体现在社会地位的高低上，[144]如表 4-6 所示。

表 4-6 “伺候”“侍候”和“服侍”的客体社会地位差别

差别项／词目	对物	对同辈	对幼
伺候	+	+	+
侍候	−	−	−
服侍	−	+	−

“刺杀—谋杀”：

“刺杀”的客体是重要人物，“谋杀”的客体没有身份地位的要求(她和情人一起谋杀了丈夫)。二者在手段上也存在差异:"刺杀"的手段是武力,且主体是手段的直接执行者;"谋杀"手段多样,可以直接用武力,也可以用智力制造陷阱,如在客体所乘坐的交通工具上做手脚,等等,如果用武力,主体不是直接执行者,而是组织者。

(四) 主体意愿的差异

1. 主体意愿

主体意愿是指主体在实施动作行为的过程中是否乐意,是否希望该动作实施,是否有意实施该动作。可以再细分为两类,一为是否企望,二为是否有意。

企望与否会影响语义的表达很早就引起了语言学家们的重视,例如朱德熙指出"差一点没 X"中的否定词是否羡余就跟主体对"X"企望与否有关,不企望的"X","没"为羡余成分。[145]

使用被字句的基本语义条件是叙述主语所遭受的对主语而言,是不如意的或不企望发生的事情。对于主体的是否企望的研究的确应该引起我们的重视,比如"我没有机会浪费时间"这一病句的毛病就出在语义上,经宋玉柱研究发现,"'没机会'后边跟的动词结构表示的都是主语代表的人所想要干的事"。而"浪费时间"并非"我"所想干的事。[146]

主体[+企望]的谓词可跟"有意"之类的副词同现,而主体[－企望]的谓词一般不同"有意"之类的副词同现,却常跟"被迫"之类的副词同现。具有自主和非自主动词区别的谓词同义词组,其主体若是人,则都有有意和无意的差别。

2. 主体意愿有差异的谓词同义词

具有这类差异的谓词同义词如:

"V 个没完—V 个不停":

"V 个没完"是主体不企望的,"V 个不停"没有"企望"这一层语义因素。[147]

"有点儿 V—V 一点儿":

这里的"V"是形容词,"V 一点儿"中的"V"符合说话人的心理预期,是说话人希望的情况或变化,"有点儿 V"中的"V"不符合说话人的心理预期,是说话人不希望的情况或变化。[63]

"歪曲—曲解—误解":

“歪曲”的主体是有意的,“曲解”的主体是有意的,有时候是无意的,“误解”的主体是无意的,三者处于主体非故意——故意的渐变的连续统上。

“忽略—疏忽”:

“忽略”的主体是有意的,“疏忽”的主体是无意的。

“放弃—丢弃—抛弃”:

“放弃”的客体是有价值的,出于某种客观原因,而不得不停止拥有或停止追求。正因如此,三者在主体意志上存在差别,“放弃”是非自愿的,“丢弃/抛弃”是客体无价值,或主体不喜欢了因而主动发出的动作行为。因此“放弃”可以与“被迫”等同现,而“丢弃/抛弃”一般不与“被迫”同现。

(五)自己与他人的差异

在语义哲学中,自身与外物是一个很重要的对立。这里的己他对立是从充当主体的体词性成分和充当客体的体词性成分所隶属的领有者是否一致来说的,谓词同义词往往有对自己和对别人的差别。谓词同义词组内成员所代表的动作行为,有的是对主体自己,或者对属于自己的事、物,有的是对主体以外的他人,或者隶属于他人的事、物。这里的自己、他人应该作广义的解释,自己包括隶属于自己一方的,他人包括隶属于他人一方的。

“改正—纠正”:

二者都可以说“X缺点”“X错误”,不过“改正”是对自己,“纠正”既可以是对自己,也可以是对别人。

“克制—抑制$_2$”:

“克制”是对自己内心的某方面消极评价意义的想法(冲动、怒火),“抑制$_2$”是对自己或对别人。

“夸奖—夸耀”:

“夸耀”是对自己,“夸奖”是对别人。

“批评/责怪—检讨”:

“检讨”是对自己,“批评/责怪”是对别人。

“庆贺—祝贺—恭喜”:

“庆贺”是对自己,“恭喜”是对别人,“祝贺”主要对别人,也可对自己。

"调和$_3$—调解":

二者的客体都是牵涉到双方的活动,如矛盾、纠纷、关系等,主体做出一些活动使双方的矛盾、关系等缓和下来。"调和"的主体可能就是客体双方中的一方(统治者调和阶级矛盾),"调解"一般需要第三者。也就是说"调和$_3$"可以用于对自己一方,"调解"只能用于对别人。

"吩咐—嘱咐/叮嘱":

三者都可用于"X Sb. V"格式中,"吩咐"的客体V是说话人自己的事儿,或者单位团体的事儿,但说话人是领导者或任务分派者,因此仍然可以看作是说话人的事儿;"嘱咐/叮嘱"的客体V是听话人的事情,不是说话人自己的事情。

"提议—建议":

"提议"的客体一定是说话人主体也有权利参加的事情,"建议"的客体即可以是说话人有权利做的事情,也可以是说话人无权利做的事情,仅仅是给别人好的、合理的意见,自己无权做意见中表达的事情。也就是说,"提议"是对自己所在一方,"建议"既可对自己,也可对别人。

"拉拢—笼络":

"拉拢"的客体与主体原来不在一个利益集团,主体争取他,把他争取到一个利益集团内;"笼络"的客体和主体原本就在一个利益集团,通过动作使其不脱离阵营。"拉拢"对别人一方的成员,"笼络"对自己一方的成员。

"感动$_1$—激动$_1$":

二者因事不同,"激动$_1$"的因事是自己的成功、好的际遇,或者不良刺激带来的情绪高涨,"感动$_1$"是别人做的事情太具有道德感、教育力、震撼力等,让主体的情绪起变化。因事上的最大区别是,"激动"的因事都是和自己有关的,而"感动$_1$"却经常是和自己无关的社会上的事件。

⑯ 听到了那个放弃读研究生的机会在大山里教书的徐本禹的事迹,所有的人都很感动。

⑰ 收到女朋友的来信,他非常激动。

"推卸—推脱":

"推卸"的客体责任、罪责等,都是来自自身的;"推脱"的客体有两种,一种是来自自身,如责任、罪责等,也具有消极的评价意义,此时,与"推卸"可以换用,另一种是来自别人邀请的行动如赴宴、担任职务以及其他工作等，不限于消极意义，往往是谓词性的。

“希望—期望—渴望”：

“希望”可以对自己，也可以对别人；“期望”只能对别人[20]（＊我期望将来做个飞行员），“渴望”只能用于对自己。

“忏悔—后悔”：

“忏悔”的事情一定是对他人做的，“后悔”的事情可以是对他人做的，也可以是自己的事情，不涉及其他任何人。“忏悔”感情评判的出发点是对他人不好，表示对他人歉意；“后悔”感情评判的出发点是对自己不好，表达自己的后悔之情：

⑱ 侵略者一生都在为自己犯下的罪行忏悔。（对他人的动作，对他人不好）

⑲ 我后悔来到了中国。（自己的事情，对自己不好，与他人不发生关系）

“满意—满足$_1$”：

“满意”的客体是自己的事情，也可以是别人的，而“满足”的客体一定是自己的。

⑳ 他不满意这次考试的成绩。（对自己）

㉑ 他不满足这次考试的成绩。

㉒ 教练不满意队员的表现。（对他人）

㉓ ＊教练不满足队员的表现。

“付出——贡献”：

“付出”的与事既可以是自己，也可以是他人，“贡献”的与事只能是他人，不能是自己。

㉔ 为了得到冠军，他付出了很多。（＊贡献）

㉕ 他为了保卫祖国，贡献出/付出了自己的生命。

四、语义属性描写度的把握

正如本章开头所指出的，我们可以提取出无穷个语义属性来刻画不同体词短语的区别，名词短语的语义属性描写是极其繁杂的，体词短语的任何属性差异都可能成为我们的描写对象，比如复数客体是否整齐有序。以“堆—叠”为例，“堆—叠”与“放”同属于置放动词，与“放”不同的是，“堆/叠”是对同类个体的多次支配，而“放”是对客体的一次支配。

邵敬敏指出作为量词的“叠”与“堆”的差别，“叠”是物体分层级有序地放在一起，而“堆”是物体随便地无序地放在一起。[148]作为量词的“叠”与“堆”是从动词发展而来的，凝聚着动词的语义信息，动词“叠”与“堆”的差异也在于此：“堆”的复数客体是杂乱无序的，而“叠”的复数客体是整齐有序的。

名词所表示的实体的存在状态是固体、液体还是气体的差异，也可以成为语义属性有价值的观察角度。在典型的情况下，“吃”的客体是固体，需要经过咀嚼的动作，“喝”的客体是液体，不需要经过咀嚼的动作，有些谓词同义词的区别就和“吃—喝”之间的差异一样。如“清除—扫除$_2$”，二者的客体都是具有消极评价意义的，“扫除”的客体一般是固体，“清除”的客体还可以是液体、气体。二者客体差异的详细情况见表 4-7。

表 4-7　“清除”和“扫除$_2$”的客体类型差异

客体类型 / 词目	人	物		事件
		固体	液体、气体	
清除	+	+	+	+
扫除$_2$	+	+	−	−

物体的空间维度特征也是语义属性观察的重要视角。如“盖$_7$—建(一)$_1$”：二者可换的都是那些三维特性的客体如楼、体育馆、房子等，而二维平面性特征的客体如桥、路、操场、大坝则不能用“盖”。

名词所表示的事物是视觉对象还是听觉及其他感觉也可以成为我们的观察对象。

“观赏—欣赏$_1$”：

“观赏”的客体只能是占有一定空间的视觉上可触的名词实体，“欣赏$_1$”的客体可以是不占空间的声音等。

从另一个角度，我们还可以观察受益者角色的差异，“嘱咐—嘱托”中，“嘱咐”的受益者是听话人，而“嘱托”的受益者是说话人。“埋怨”的受益者既可能是说话人也可能是不满意对象,“抱怨”的受益者不能是不满意对象。[66]

甚至某个语义角色是否在场的差别:“埋怨”所蕴含的言语行为活动是与不满对象的对话,而“抱怨”所蕴含的言语行为活动是将不满对象的行为或属性向第三方陈述,由此推知,“埋怨”的对象一定在场,而“抱怨”的对象是否在场并不重要。

从“违犯—违抗”的客体角色差异上我们还可以提取出[固定]、[临时]的语义特征。“违犯”的客体是法律、法规、规则、条文等人类共同协商制订好的,全社会成员共同遵守的,是固定的;“违抗”的客体是命令、安排等,是临时的。具有固定和临时差异的还有“比赛—竞赛”等,前文已经分析,此不赘述。

虽然语义属性的提取是无穷无尽的,却不可能永无休止地提取下去,提取需要一个适可而止的度,这个度的把握,不是靠人类的语感,而是靠同义近义谓词和语言工程的实践去检验,只要对一种语言的名词的语义属性提取和描写能够区别开同义谓词,在语码选择上能够解决问题,对语义属性的描写就可以适可而止。语义属性描写的“度”应该由谓词同义词辨析实践和语言工程来提供和检验。

第五章　语义角色动态变动的影响因素

以上对语义角色属性特征的描写，是在词义固有语义框限下做出的描写，我们看到这个谓词，从其词义所凝聚的事件中，观察这个动词能联系到哪些种类的名词，其有生无生、具体抽象、物体事件、个体集体、数量信息、社会地位、评价特征、自己还是他人等一切有价值的属性特征。这些信息都是根据词汇意义能够推导出来的，在动词所激活的场景中蕴含着的，不包括从词义中无法推导出来的随遇性成分。这种知识存储于每一社会成员的民族心理之中，是该民族认识和观察物质世界并对其进行范畴化的结果。

按此原则观察到的语义角色属性特征，是静态的典型值。在实际的语言运用中，语用修辞因素时时刻刻对语义角色的特征规定造成侵蚀，导致其处于动态变动之中。"吃"的主体人和动物是其典型值，植物和物体虽然可能出现在主体的位置，但不是其典型值(一亩棉花要吃一袋尿素/一斤牛肉可以吃三斤水)。客观世界是连续的，人为地切分编码，必然导致归类范畴化的困惑。出于表达的需要，人为地对语义角色的典型值做出更改的情况也很多，造成了论元角色的动态变动。修辞、话语策略、存现构句、篇章衔接四个因素对语义角色典型值的影响最大。

一、修辞与语义角色的动态变动

修辞是对语言的非常规使用，这种"非常规"，往往体现为对语义角色固有特征规定的调整、突破，从而造成了语义角色的动态变动。范畴化是语言表达世界的前提，是人类最基本的认知能力，人类认识世界之初，首先要将一个个认知对象归入一定的范畴，形成了语言使用的庞大知识库。修辞是对范畴化的背反，范畴化解决的是常规的语义问题，修辞则打破范畴与范畴之间的界线。说话人对语义角色的特征要求了熟于心，却故意违反了该特征规定，从而激发了言语接收者对意义的重新解读，找到言者这种不合理组合的理由，从而使语言表达再次归于合理。

（一）比拟对语义角色范畴的突破

人、物范畴是人类认识世界形成的两大最基本范畴，这两大范畴的物体具有不同的属性特征。比拟就是有意打破常规主体、客体、工具、材料、与事等各语义角色在这两大范畴上的规定，从而实现更巧妙的语义传达。“唱”的主体角色是人，有意打破这一角色特征规定，说“青蛙唱歌”就是拟人。“飞”主体角色是鸟，有意打破这一角色特征物的规定，说“八岁的侄儿从房间飞出来”就是拟物。比拟句“这个人蒸发了”中，“蒸发”的主体不能是人，读者发现了言者打破这一常规，于是思索其这样表达的用意——“蒸发”后即消失，从而实现了正确解读之后，也觉得这样的组合合理了。“晒工资”与此一致，前者是对主体角色特征的突破，它是对客体角色特征的突破。“他下辈子将与青灯做伴”是对与事范畴人的打破。“我一句话噎得他脸红脖子粗的。”是对工具角色范畴从“食物”到“话”的突破。

（二）借代对语义角色范畴的突破

“还麻烦你跑一趟。”我们从这句日常用语谈起。说话人很清楚，“你”没有“跑”，却仍然说“跑”，这不符合事实常规，引起接收者二次解读，原来说话人是借用“跑”的主体特征，传达出“累”“辛苦”的意思。久而久之，“跑”的主体“累”这一特征在使用中逐渐被淡化，在借用的过程中，主体的特征逐渐被改变。其他如“我飞回来的”用“飞”代替动作方式“坐飞机”，久而久之，“飞”的主体特征必将受到影响。“他被后面的司机按了喇叭”一句中，用“按喇叭”代替“批评、表达不满”，此时，“按”这一动作的主体角色被挤掉，久而久之，将带来这一短语意义的虚化。其他如“吃食堂”由于达到了相当固定的程度，以至很多人将其处理处所宾语。

（三）通感对语义角色范畴的突破

通感是把视觉、听觉、嗅觉、味觉、触觉沟通起来，打破常规，用甲类感觉去描写乙类感觉，实质是打破了工具这一角色的范畴规定。如“甜”本来是味觉的结果，说话人故意打破味觉这一范畴限制，用来表达视觉引起的感觉体验——“这个妹子长得很甜”，或者表达听觉引起的相同感觉体验——“她的声音很甜”，这就是通感。通感侵蚀着感觉类谓词的工具范畴特征规定，有的已经进入词义，使其获得了新的工具范畴,比如"甜"就获得了"舒服"这一新义。"苦"的工具角色从味觉转变为情感感觉,就获得了"痛苦"义。

(四)反语对语义角色评价特征的背反

反语是说反话,往往是把谓词所用的客体、工具、与事等角色换成起相反作用的物体。如:"他回家要享受老婆的搓衣板了。"一句中,"享受"的客体本来是美食、等能够带来愉悦享受的事物,这里换成了能带来痛苦的搓衣板。"对不老实交代的就棍棒侍候"中,"侍候"所用的工具是饭、水等维持生命必需品,这里来换成了相反的扼杀生命的棍棒。"你把自己怎么骗人赚了俩差评给大家伙交流交流"一句中,"赚"的客体是积极评价意义的钱、利润、好儿(赚不到个好儿)等,而这里换成了消极评价意义的差评;"交流"的客体是积极评价意义的经验,现在却变成了消极评价的东西。"别跟哥谈诚信,哥戒了"一句中,"戒"的客体应该是"烟""酒""毒品""色""赌""杀生""偷盗"等负面评价特征的事物,而这里用了正面评价特征的"诚信"。

二、话语策略对语义角色的影响

为了求得最好的交流效果,调整与听话人的亲疏关系,拉近或者推远与听话者的距离,增强或者减弱语气,在交流过程中语言发出者会使用语言策略,有意识调整用词,这些话语策略往往通过调整语义角色的特征实现。如改变论元角色的地位、权力值规定,这在使令类言语行为动词上表现尤其明显。

(一)改变论元角色的地位特征

请看下面的交际实例。司令员已经三天三夜没睡觉了,医生可以说:"我建议你休息。"这是符合语义角色属性典型值的常规表达。如果要拉近距离,增强自己话语的说服力,还可以说"我命令你休息!",从中就改变了"命令"一词主体角色和客体角色的地位特征规定,但取得了很好的表达效果。从相反的角度,上司为了拉近与下属的距离,对下属发出命令时,也可以不用"命令"一词,而改用"建议"一词。

（二）改变语义角色权力值

“赞成—同意”的语用调整是改变权力值的例子。“赞成”的主体一般是朋友等对客体所表示的事件没有管辖权的人。“同意”的主体一般是领导、家长、地位高的人，对客体所表示的事件有管辖权。

① a 我不同意你跟她结婚。（父亲）
   b 我不赞成你跟她结婚。（朋友）

而实际语言交际中，朋友为了表示最铁的关系，也可提升自己的权力值，采用①a 说法；父亲为了拉近两代人之间的关系，缓和对立，也可以放弃自己的权力，把自己的身份降低到朋友的地位，采用①b 的说法。

（三）改变语义角色的真假属性

语气的调整也可以用词汇调整来实现，“以为—认为”就是这方面的例子。

“认为”后边的内容是正确的，“以为”的内容是错误的信息，主体已经知道错了，还要说出来，目的是对自己的行为进行解释。在功能上与“认为”的主张自己的观点的功能很不相同。这是典型用法，也有用“以为”来陈述自己主张的情况，可以从这方面得到解释。说话人故意降低自己的话的可信度，从而调弱说话语气，来赢取听众的好感。

（四）话语策略对同义词选择的其他影响

话语策略可以改变词语的使用域，主要是正式公务用语和日常生活用语的调整。我们用“派—打发”来做说明。“派”用于工作、公务方面，“打发”用于生活、家庭方面：

② 经理派我去迎接客人。　　？经理打发我去迎接客人。
③ 妈妈打发我去超市买东西。　*妈妈派我去超市买东西。

可是在实际语言使用中，二者并不是这么泾渭分明，而是有融合点。在工作场合，领导们为了消除与下属的距离，往往采取语言策略，不用那么庄重严肃的词，而选用富有生活气息的词“打发”（王经理，你打发个人去机场接客人。）二者在这里融合，从而慢慢侵蚀着“派”只用于公务的使用域特征。即使在公务场合，讨论时也未必总是用正式的词汇“派”。

三、存现结构对语义角色的调整

存现句的构成割裂了谓词的固有语义结构，特别是对主体角色的排挤，使其偏离了常规的位置，到了客体角色的位置(台上坐着主席团)，甚至完全退出句子的语义生成，句中只有处所和客体角色，这对谓词的语义角色产生了深刻影响，使人对存现句不能按照事件句的语义结构进行理解。如：

④ 墙上挂着一幅地图。

⑤ 小王跑了一只羊。

⑥ 王冕七岁死了父亲。

⑦ 他们班来了一个新同学。

⑧ 一匹马骑了三个人。

关于存现句对语义角色的影响，还有待于进一步深入研究。

“语言规范并不是一个严密的静态系统，往往它的核心规则是可以清晰地表述的，而它的边缘却总是呈现出模糊的、变动不居的状态。”[149]语言之所以是人类的一个得心应手的表达工具，就是在于它能够在变中不变，不变中有变：它既要适应使用者不断萌生的新要求而调整自身，又要保持它的基本架构处在稳定状态。

第六章　现代汉语存在义的同义表达手段

存在义结构与一般谓词语义结构很不一样，在前文分析过程中，我们有意回避了用于存在义结构中的谓词用例，因此现在有必要对存在义的表达进行单独分析。

存在是物质世界万事万物的最基本属性，对存在的表达是任何语言都必须面对的。存在句往往是篇章的先行部分，是行为事件展开的背景，对事件、活动的表达以事物的存在为预设。现代汉语对存在义的表达手段有两种：第一，利用表存在义的动词；第二，利用语法手段。本书拟在以往研究的基础上探讨一下表达存在义的各种词汇手段、语法手段的分布条件，研究的结果认为表达存在义的各种词汇手段、语法手段构成一个分层互补的系统。

一、对存在句的范围界定和结构分析

我们所说的存在句，既包括某处存在某事物，也包括某事物存在于某处。存在和时间是无法割裂的，因此存在义还包括某时存在某物及某物存在于某时，本书暂不考虑时间因素的存在。不论在句法形式上如何表现，存在句在语义层面都具有存在场所(Loc)、存在义(V)、存在物(Np)(包括人)三种成分。很多研究者认为存在句是指某处所存在某事物，即 Loc＋V＋Np[77, 150-153]，把某事物存在于某处所的 Np＋V＋Loc 排除在外。其实后者同样可能是存在句，特别是当 V 是存在动词“在”的情况下。Np 处于句首时是存在句还是表示动作行为的事件句较难界定，我们把 Np 处于句首时在满足以下条件时界定为存在句：

(1) 若 V 及物，Np 是施事(Agentive)，不是存现句。不是施事，而是受事(Objective)或者结果(Factitive)通过移位占据了通常施事的句法位置，打破了动词自身内在的论元结构关系，从而使动词动作行为义无法凸显而表示存在义，则是存现句。

(2) 若 V 不及物，此时动词仍然保持着自身内在的论元结构关系，若 Np 是无定的，如“一个人坐在台上”“有个人躺在床上”则是表存在，若有定，如“那个人坐在台上”“那个人躺在床上”则是事件句。

Np 的有定无定是极其重要的，它决定着是否成句以及成句后是存在句还是事件句，为了便于考察 Np 的有定无定，我们借鉴陈平对名词组有定无定分类[62]的做法，把存在句的 Np 分成：Na 人称代词；Nb 专有名词；Nc“这/那”＋(量词)＋名词；Nd 光杆名词；Ne 数词＋(量词)＋名词；Nf“一”＋量词＋(形容词)＋名词(抽象的或不可数的)；Ng“一”＋量词＋形容词。Ne 数词为“一”时可以省略，Nf 中的“一”和量词都不能省略，且“一”不能换为别的数词，实际上是 Ne 中一个特殊的小类。Ng 不是名词组，但是可以出现于存现句中，且后面一般可以补出相应的抽象名词，是存在主体的一个独特的种类。Na、Nb、Nc 都是有定的，Ne、Nf 是无定的，Nd 有定无定两可，Ng 不做有定无定的分析。

Loc 可以分为四类：La“这里/那里”等代词；Lb“临/靠/对/沿”等介词＋名词；Lc 借助于某种动词结构表达(如“一进门是个大操场”中的“一进门”)；Ld 名词组，这是数量最多最常见的一类。存在物 Np 也是名词组，同为名词组，判断其表示场所义还是名词的指物义，一般可以看其有无方位词附后，若有则表示场所义，当然也有不后附方位词而用只用名词表示场所义的情况，此时名词后面可以补出方位词。方位词是处所的标记，现代汉语的方位词成员的详细列表见廖秋忠[154]，还有“之内/外/中”。

V 可以是表存在义的动词，也可是普通动词加“着”“了”“在”“满”等虚成分，“着”“了”是助词，“在”是介词，“满”是开始虚化的状态形容词。

Np 和 Loc 有两种排列顺序，构成两种表存在义的句式：Ⅰ Loc_Np；Ⅱ Np_Loc。顺序的不同是语用驱动的结果，是为了篇章连贯由不同话题指派导致的。为了简化分析，这里跟前面一致，不涉及语用层面，只讨论表存在的两种手段的基本句式，不涉及为篇章连贯目的深层语用因素比如焦点指派造成的“这种伞百货大楼有”之类的对常规句式的偏离。语序的不同在存在义的两种表达手段中都制约着不同变体的选择，是存在语义系统的第一层级的分布条件。Np 和 Loc 的语义特征在下一层级制约着变体的选择，本书选取 Np 有定性、Loc 周遍性及其他几个语义属性，观察存在义变体的分布条件。

二、表达存在义的同义词

(一) 表达存在义的通用词

所谓通用词,是适用于表达一切类型存在义的词。对存在义的通用编码,日语是ある/いる(以有无生命作为分布条件),韩国语是있다,汉语分别对译作"有"或"在""是"等,现代汉语中存在义的通用表达不是由一个词来承担的。对存在义的通用表达由"有""在""是"三个变体承担[155][156]。刘岳华指出 Loc 和 Np 在句中的排列顺序管控着"有""在"的分布条件[157],Loc 和 Np 在句中的排列顺序同样管控着"是"的分布,"有"跟"是"一样,用于Ⅰ式,"在"用于Ⅱ式。"在"的 Loc 一般是 La、Ld,若由 Lb、Lc 充当,其后要加"的地方"之类的词语,Loc 是不周遍的。"在"的 Np 是除了 Nf、Ng 之外的任何一种,多数情况下是有定的。

汉语没有表示存在的最上位词,这个词汇系统中编码的空位我们记作 Φ(其下位词中的空位将依次记作 Φ_1, Φ_2, …阿拉伯数字代表位次层级),由于 Loc 和 Np 只有两种排列组合,则在其管控下有两个变体,用在Ⅱ式中的变体是"在",用在Ⅰ式中的变体是 Φ_1,Φ_1 包括"有""是"两个变体。这三个词的分布是分层次的,如图 6-1所示。

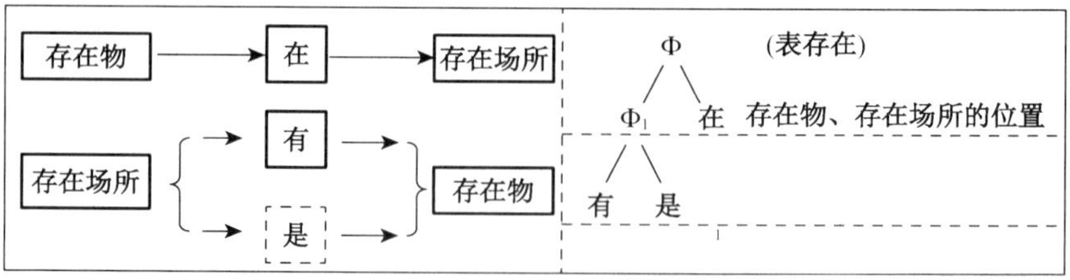

图 6-1 "有""在""是"的分布条件及分布层次

Φ_1 的两个变体"有""是"的 Loc 可用任何一种,"有"的 Np 一般是 Nd、Ne,回答问题的时候可以是 Nb、Nc,列举的时候也可以是 Na,不能是 Nf、Ng。"是"的 Np 可以是任何一种。"有"、"是"的分布条件和 Loc、Np 的语义属性有关。

(1) Loc 的周遍性。上文所列四类场所都可以出现在"有""是"的前面。詹开第用场所周遍性来描写"有""是"的分布条件,指出"有"的处所词是[－周遍]的,若是[＋周遍]的场所词语,只能用"是"。[158]宋玉柱[153]、王建军[159]也对"是"的场所周遍性有过类似表述。以[±周遍性]来描写"有""是"的分布,面临的一个挑战是"到处""处处""各地"等构成的周遍场所可以用"有"。

处所的周遍性是一个有必要进一步明确的概念。周遍性处所可以分为两种,一种是用"满""浑(身)""遍(地)""$一_4$"加名词或光杆名词加方位词(如"车里")来表达的,其中的名词是单指,数量只有一个,其特点是处所词的指称涵盖的是一个空间范围内的全部;另一种周遍义是用"到处""处处""各地""每……"后加名词及量词重叠(家家)来表达的,该结构中名词的数量是多个,所构成的周遍处所是多个名词指称的多个同质空间无遗漏叠加。前者我们称之为一体性周遍处所,后者,我们称之为叠加性周遍处所。Talmy 用"in the valley"和"through the valley"来说明人类认识过程中存在着两种基本的认知模式:一种是 Synoptic Mode,人类的视点静止在一个空间范围内,是静态视点,另一个是 Sequential Mode,人类的视点在若干个空间范围上转换,是一种动态视点。[32]"满""浑(身)""遍(地)""一"是 Synoptic Mode 的体现,"到处""处处""各地""每……"量词重叠是 Sequential Mode 的体现。"全部—整个"也处在这两种认知模式的对立之中,"全部＋N"中的 N 指称多个个体,是 Sequential Mode;而"整个＋N"中的"N"是单指,属于 Synoptic Mode。"到处""处处""各地"等构成了叠加性周遍处所,后边可以用"有"表示存在,如果是一体性周遍处所,则不能用"有"。

"全＋Np"表示的场所词(全国、全市)中 Np 数量是一个,但后面也用"有"。按照袁毓林[31]的分析,"全＋N"内部语义机制是套件隐喻,把 N 看成由很多更小的部件构成,而不把 N 看作一个单一的容器,是若干个同质处所的叠加,与"满"不同,因此"全＋Np"属于叠加性场所。语料调查显示,"全＋N"往往与"各"连用,这可以作为"全＋N"是叠加性处所的一个旁证。

(2) 存在物的有定与无定。存在句的处所都是有定的,存在物却有着有定无定的分别。一般说来,"有"后的 Np 是无定的,"是"后的 Np 可以是无定的,也可以是有定的。Na、Nb、Nc 很难出现在"有"后面,但可以很容易地出现在"是"的后面。Na、Nb 一般要加"个"取消其有定性能出现在"有"后,"有"后的 Np 以 Ne 为常式,也可以是 Nd, Nd 为通指。

正因为“是”的存在物可以是有定的，所以表达两个定指名词的位置关系时要用“是”。如：

① 中国东面是日本。

② 我前面是小王。

“有”与“是”与状语位置上的“都”“全”“净”的共现上也有不同表现。“是”前可以出现“都”“全”“净”等副词，“有”与“净”不能共现，“有”与“都”共现只有在 Loc 是叠加性周遍场所的情况下。“有”与“全”共现情况有点复杂，和“全”的语义指向有关。当“全”总括的是处所，“全”必须位于该处所名词前面，当“全”总括的是动作客体(在句法上是动词宾语)，总扩对象必须置于句首做话题。在存在句中，“全”总括的是“有”的句法宾语，最终形成“Np＋Loc＋全有”(这些东西家里全有)的句式。只有当 Np 既是焦点，又是话题的情况下，才可以用“全”。

“有”“是”在表达的意义方面有以下差别。

(1) “是”具有排他性[153, 159]，一般说来“是”引出了某物的存在也便否定了其他存在物的存在，若 Loc 是四围有边界的空间范围，基本都可以这样认为。而“有”则不具排他性。如：

③ 兜里是一块玉。(没有其他存在物)

④ 兜里有一块玉。(可能有其他存在物)

排他性并不等于不可延长，只是要求把 Loc 所表示的处所范围内的存在物尽行列举：

⑤ 山上尽是苍绿的柞树，山杏，山里红，低矮的榛丛……和各色各样的野花。

Loc 由名词加上“/里/内/中”等方位词组成，是有边界的，但是若 Loc 由名词加“前/后/左/右/东/南/西/北”等方位词组成，则是开放的，不是四围都有边界的空间范围，如仍认为“是”有排他性有悖于认知常理，这可以用“是”的另一表义特征来解释。

(2) “是”具有主观性。“有”的表义是客观的，其后的 Np 中若包含数量词组，是表示客观计数；“是”的表义可以是客观的，也可以是主观的，表达说话者的主观评价，而不提供具体的数量，这种主观义可以概括为“多”[160]。试比较：

⑥ 洁白的雪地上(有)一大片血迹。(宋玉柱例)(客观义)

⑦ 洁白的雪地上(是)一片血迹。(主观义)

当 Np 是 Nf、Ng 充当,"是"表示"多""充斥"的主观义,不能用"有",而只能用"是"。宋玉柱认为 Np 由 Ng 类充当的句子不能用"有",也不能用"是",只能用零动词句表达存在。[152]实际上这类句子不能加"有",但可以加"是",根据我们对《人民日报》1995—2000 年的语料调查的结果,一共得到"是＋一片/派＋形容词/动词"的用例 64 例。"是"表主观义的形式特点是其后的数词只能是"一",不具开放性,不能换成别的数词;量词以"派"、"片"为主。主观性的另一表现是对开放性的处所只截取语境需要的范围,以适应排他性的表义要求。

⑧ 村东有个人工湖,周围是一片麦田。(宋玉柱例)

严格说来,湖周围是除了湖之外的所有外部空间,要想穷尽列举期内的所有存在物是不可能的。

(二) 表达存在义的专用词

所谓专用词,是相对于通用词而言的,指仅适用于表达某一类事物存在的词,我们在此只分析"位于"和"坐落""地处"。它们基本上都用来表示无生物且不具移动特征的大型物体的存在,包括(a)机构(取广义上的,指人类的一切组织起来的社会活动单位,包括从国家到城镇乡村的各级行政区划,机构可以不分大小)、(b)大型自然物(山川湖海江河森林沙漠等)、(c)人文景观(历史遗迹、文物古迹、故居等)、(d)大型的人类生产活动的产品(建筑、雕塑等)。以上 Np 大多为专有名词,(a)、(b)、(c)类主体"位于"和"坐落"可以换用,(d)类主体,除了建筑、雕塑可换,其他很多都只能用"位于"。

"位于"只用于Ⅱ式,和"在"同属一类;"坐落"可以用于Ⅰ、Ⅱ两式,"坐落"后加 Loc 必须有辅助词"在"介引,后加 Np 必须有辅助词"着"强调状态,而"位于"不需要任何辅助词,直接加 Loc。

"位于"和"坐落"的 Np 不能是 Na、Nf、Ng。Ⅰ式中的 Loc 不能是 Lb、Lc,Ⅱ式中的 Loc 不能是 Lc。Ⅱ式中的 Np 一般都是有定的,Ⅰ式中的 Np 有定无定均可。Ⅰ式中的 Loc 可以是周遍的,Ⅱ式中的 Loc 不能是周遍的,Ⅱ式可以与"都"

“全”等全量成分共现，I 式不可。

“位于”的词频要明显高于“坐落”。我们调查了《人民日报》1995—2000 年的语料，“位于”出现 6 769 次，“坐落”仅出现 1 328 次。“词频与词义的范围密切相联”，[161] 这说明，“位于”的词义范围要比“坐落”广，从存在主体和处所词语的语义属性来看，这两个词的词义范围区别如下：

1. 存在主体的差别和专用词的选用

(1) “坐落”的主体一定是无生物，“位于”可以表示有生物和无生物的存在：

⑨ 位于 C 组的杨影大意失荆州……

* 坐落在 C 组的杨影大意失荆州……

即使是“位于”，其有生主体的用例也仅发现了上面这 1 例，我们用 Google 和 Baidu 搜索，得到了一些“我(他/你)位于 Loc”之类的用例，都是口语(多见于论坛的帖子里)，都不太符合语感，未发现用于动物的用例。可见，“位于”“坐落”是用来表示无生物的存在的，“位于”表示人的存在的用法是新出现的变异，在规范的书面语中还未取得地位。

(2) “坐落”的主体不具移动性，“位于”可以表示有移动性和不具移动性物体的存在：

⑩ 事故发生时，飞机位于机场南部大约 11 公里。

* 事故发生时，飞机坐落在机场南部大约 11 公里。

(3) “坐落”的存在主体要有[+附着于地面]的语义特征，所以垂直于地面的墙壁上的存在物，天空、太空、星空中的存在物(恒星、行星、卫星等自然星体和飞碟、彗星、飞船、人造卫星等人造飞行物)只能用“位于”，如：

⑪ 空调位于客厅墙壁正中，隐藏管道的设计……

* 空调坐落在客厅墙壁正中，隐藏管道的设计……

⑫ 这个恒星名叫 16Cygni B，位于天鹅座……

* 这个恒星名叫 16Cygni B，坐落在天鹅座……

(4) 存在主体表示的是自然界的活动，如震中、冷空气前锋、台风中心等只能用“位于”而不能用“坐落”，如：

⑬ 冷空气的前锋6日下午位于华北北部一带……

＊冷空气的前锋6日下午坐落在华北北部一带……

⑭ 震中位于北纬37.6度,东经78.5度。

＊震中坐落在北纬37.6度,东经78.5度。

(5) 线状存在物(国境线、边界线、管道等)只能用“位于”而不能用“坐落”。如:

⑮ ……纯碱厂位于羊口盐场辖区内的一段地下海水管线破裂……

＊……纯碱厂坐落在羊口盐场辖区内的一段地下海水管线破裂……

不可否认,“位于”主体使用范围比普遍适用的“在”要小,但是却比“坐落”大。

2. 存在场所的差别与专用同义词的选用

(1) 存在场所内包了存在物,具有三维空间属性,只能用“位于”,此时的场所具有[＋容纳]的语义特征:

⑯ ……福特宝球星球迷俱乐部,位于北京天坛附近的福特宝酒楼内。

＊……福特宝球星球迷俱乐部,坐落在北京天坛附近的福特宝酒楼内。

⑰ 而他们的电暖层位于墙体内,不仅散热均匀,还能……

＊而他们的电暖层坐落在墙体内,不仅散热均匀,还能……

(2) 抽象处所(前沿、前列等)只能用“位于”:

⑱ 位于改革开放前沿的特区和东部沿海城市,已经首先……

＊坐落在改革开放前沿的特区和东部沿海城市,已经首先……

(3) 人为划分的临时性的场所比如:安全区、隔离区、非军事区、禁飞区等等只能用“位于”,这些场所词在形式上一般有形容词或动词短语加名词组成,不同于一般的Loc:

⑲ 黎抵抗武装使用自动武器和火箭向位于“安全区”内以军的萨吉德阵地发动了攻击。

＊黎抵抗武装使用自动武器和火箭向坐落在“安全区”内以军的萨吉德阵地发动了攻击。

“地处”在句法功能上“地处”和“位于”一样，只能用于Ⅱ式，不需要辅助词，对Np和Loc的适用范围则和“坐落”完全一样，三个词的分布见表6-1。至于另一个表示存在意义的动词“处于”则和这三个词表现出较大的不同，这三个词表示的是“空间”意义的存在，而“处于”可以表示空间的存在，但是更偏重于表示时间意义的存在，暂不列入讨论范围。三者分布条件见表6-1。

表6-1 “位于”“地处”“坐落”的分布条件

分布条件 词项	句式		辅助词		Np					Loc		
	Ⅰ式	Ⅱ式	在	着	人	移动性	非附着	自然力	线状物	内包	抽象	临时
位于	－	＋	－	－	－	＋	＋	＋	＋	＋	＋	＋
地处	－	＋	－	－	－	－	－	－	－	－	－	－
坐落	＋	＋	＋	＋	－	－	－	－	－	－	－	－

三、表达存在义的语法手段

（一）零动词句

这类存在句只有Loc和Np构成，一般认为这类存在句的描写性语义得到了加强。对这类存在句，吕叔湘[7]、龙果夫[162]、范方莲[150]、范开泰[163]认为是省略了相应动词的省略句，宋玉柱[152]、齐沪扬[164]以“Loc＋Np”能脱离语境独立表示存在和相应添补成分不唯一，甚至有些不能添补相应的动词为由不同意以上学者的看法，认为这是一种性质完全不同的存在句，称之为“定心谓语存在句”、“零动词句”。“Loc＋Np”在古代汉语中是表示存在的基本式，而加入了动词表示存在则是随着动词意义的虚化后起的一种表达手段，我们采用零动词句的名称。

零动词句中Loc和Np是有排列顺序的，Loc一定在前，Np一定在后，而没有反过来的情况，和“有”、“是”同属一类。Loc可以是除了Lc类之外的任何一类，Lb中的介词不能是“在”。Np不能是Na、Nb、Nc、Nd，基本上是Ne，中间可以加入修饰语，名词可以承前省略。也可以是Nf、Ng。Np一般是无定的，Loc可以是周遍的。

通过对《人民日报》的语料调查，我们发现这种零动词句都可以加上相应的

“有”或“是”，其和“有”字句、“是”字句的对应关系如下：

(1) 当 Np 是 Ne 充当时，中间加入“有”“是”均可。如上文例⑥、例⑦所示。

(2) 当 Np 是 Nf、Ng 充当时，或者 Ne 的量词重叠，中间只能加入“是”。“Loc＋Np”表示“多”的主观评价义，只能加“是”，不能加“有”。如：

⑳ 工地上一片喧闹(的景象)。

工地上(是/＊有)一片喧闹(的景象)。

(3) 当 Loc 是一体性周遍性场所，只能加“是”，不能加“有”。如：

㉑ (美国)遍地黄金。

(美国)遍地(是/＊有)黄金。

零动词句不能与表示全量的“都”“全”共现，但是可以与“净”共现。

(二) 表达存在义的其他语法手段

这里所谓语法手段，是指不是用一个单纯的动词，而是由动词和表示语法意义的虚词组成的语法结构来表达存在义，这个语法结构中的动词自身并无存在义。语法手段和词汇手段、零动词句不同的是它不仅仅单纯表明存在，还表明了以某种姿态存在。汉语中表达存在义的语法手段有“V 着”“V 在”“V 了”“V 满”。能进入这种语法手段的动词语义上是有限制的，一般认为动词的语义中含有处所意义，都与事物的位置、移动有关[158]。“V 着”用于Ⅰ式，“V 在”用于Ⅱ式，“V 了”“V 满”可以用于Ⅰ、Ⅱ两式，“V 满”是周遍性 Loc 专用的语法结构，“V 了”用于Ⅱ式也只能用于周遍性 Loc。

用于Ⅰ式中的有“V 着”“V 了”“V 满”，其 Loc 可以是的任何一类，也可以是周遍的，但是表示周遍性意义的词语不能是“一”。“V 着”的 Np 有定无定均可，可以是 Nc、Nf、Ng 之外的任何一种。“V 了”“V 满”中的 Np 必须是无定的，不能是 Na、Nb、Nc、Ne，一般是 Nd、Nf、Ng。陆俭明先生[165]将“V 着”中“着”表示的意义分为四种，当“着”表示状态持续和动作完成后的结果的持续时，Ⅰ式中的“V 着”“V 了”可以换用。“V 在”用于Ⅱ式中时，Loc 不能是 Lc，不能是周遍的，若是周遍的 Loc 一般用“V 了”“V 满”，“V 了”用于Ⅱ式只用于 Loc 是周遍性的情况下，且表示周遍性意义的词语必须是“一”或“满”。“V 满”用于Ⅱ式时表达周遍性意义的词不能是“浑”、“遍”。“V 在”用于Ⅱ式动词有及物与不及物之分，V 不及物时 Np 必须是无定的 Nd、Ne，“V 了”“V 满”用于Ⅱ式动词都是及物的，与及物的“V 在”一样，Np 与 V 不能有施受关系，“V 在”中的 Np 有定无定均可，但一般不能是 Na、Nb、Nf、Ng，“V 了”“V 满”因为是表示周遍性的，所以 Np 常常是复数，一般用 Nd、Ne 的形式。

四、结论

我们把表存在义的词汇手段、零动词句、语法手段对 Np 和 Loc 的种类要求列成表 6-2。

表 6-2　各表义变体对 Np 和 Loc 的类型要求

		Np							Loc			
		Na	Nb	Nc	Nd	Ne	Nf	Ng	La	Lb	Lc	Ld
Ⅰ式	有	－	－	－	＋	＋	－	－	＋	＋	＋	＋
	是	＋	＋	＋	＋	＋	＋	＋	＋	＋	＋	＋
	坐落	－	＋	＋	－	＋	－	－	＋	＋	－	＋
	零动	－	－	－	－	＋	＋	＋	＋	＋	－	＋
	V 着	＋	－	＋	＋	＋	－	－	＋	＋	＋	＋
	V 了	－	－	－	＋	＋	＋	＋	＋	＋	＋	＋
	V 满	－	－	－	＋	－	＋	＋	＋	＋	＋	＋
Ⅱ式	在	＋	＋	＋	＋	＋	－	－	＋	－	－	＋
	位于	－	＋	＋	＋	＋	－	－	＋	－	－	＋
	坐落	－	＋	＋	＋	＋	－	－	＋	－	－	＋
	V 在	－	－	＋	＋	＋	－	－	＋	＋	－	＋
	V 了	－	－	＋	＋	－	－	－	－	－	－	＋
	V 满	－	－	＋	＋	＋	－	－	－	－	－	＋

可以看出，“有”“在”“是”和“位于”“坐落”“地处”等，他们的分布首先取决于处所(Loc)和存在物(Np)相对于动词的顺序，“有 /是”“坐落”用于“Loc_Np”格局中，

“在”“位于/地处”用于 Np_Loc 中。Np 和 Loc 的语义属性在下一层级制约着变体的选择：Loc 是否周遍管控着通用词“有/是”的选择，Loc[±容纳]、[±抽象]、[±临时]的语义特征管控着专用词“位于”和“坐落”的分布；Np 有定无定管控着“有/是”的分布，其[±生命]、[±移动]、[±附着于地面]、[±自然力]、[±线状形体]管控着专用词“位于”和“坐落”的分布，基本上可以说，这些变体处于分层互补的状态。

基于以上分析，我们认为现代汉语存在语义系统实际上是一个内部成员分层互补的体系。体系内各变体存在着对应关系，彼此之间在语用驱动下系统和语义驱动下能够实现转换，这种变换以场所的周遍与否为分水岭，非周遍性场所和周遍性场所之间不能实现转换。语用驱动下的变换是一种可逆的转换，语义驱动下的转换增删信息后也可实现可逆转换。如图 6-2 所示。

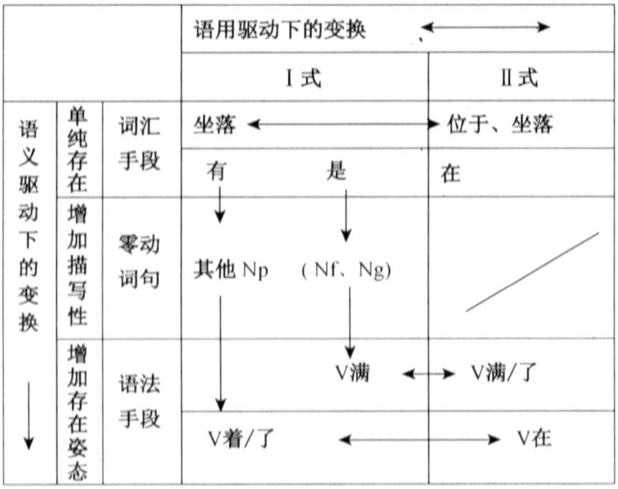

图 6-2　现代汉语的存在语义系统

第七章　基于该描写框架的同义词辨析实例

以上我们在吸收格语法、配价语法及其他语义理论、语义研究成果的基础上，构建了一个基于语义角色的谓词组合能力和组合语义关系描写框架，将处于聚合关系的谓词同义词的辨析交由组合关系来解决。按照这一思路，对谓词同义词的辨析应按照句法功能、语义组合关系（语义角色关系）、语义属性三个层级进行，首先比较一下句法功能，如果句法功能相同则比较语义角色关系，看该谓词所能组合的角色数量是否相同，语义角色关系重合情况是否相同，语义角色的默认值是否相同，如果这些都一样，则观察担当语义角色的体词短语的语义属性。这样，最终将句法功能、语义角色关系都相同的谓词同义词的辨析推进到对体词短语语义属性的观察上。在句法功能的观察上，我们观察了分属“形容词—动词”、“形容词—副词”两种不同词类的同义词组的差别，指出了这两类同义词组可能存在的句法功能差异。指出了交互动词与非交互动词（“吵嘴—顶嘴”）、自主动词和非自主动词、自动词与他动词（“考虑—着想”）这些分属不同小类的谓词同义词组的句法功能差异。在语义角色关系的观察上，观察了谓词同义词组语义角色数目的差异、角色关系的差异、角色关系重叠情况的差异、语义角色默认值的差异，指出了语义角色重叠情况的不一致及语义角色默认值的不同也是某些类谓词同义词的重要差异。在语义属性的观察上，选取了有生与无生、个体与集体、具体与抽象、物体与事件、数的信息、社会地位、评价特征、主体意愿、自己与他人九个语义属性进行了相对封闭的观察，找出了在这些方面存在差异的谓词同义词组。

下面是运用语料抽样，通过这一语义描写框架去解决问题的一些实例，以表的形式呈现观察结果，如果同现、分布方面有差异，则一并列出。见表 7-1 至表 7-26。

表 7-1　帮忙—帮助

		帮忙	帮助
～+N		* 帮忙他|帮他的忙	帮助他
分布于句尾		谁能帮忙?	* 谁能帮助? |谁能帮助我?
～+V(直接跟动词)		他去帮忙看孩子。	* 他去帮助看孩子。 他去帮助儿子看孩子。
主体受益	受益	太多了,你帮忙吃点吧。	* 你帮助吃点吧。
	受损	请帮忙开一下门。(主体受累)	请帮助我打开门。(主体受累)
客体特征		小王去他那儿帮忙管理公司。(“他”事情多,忙。)	小王帮助他管理公司。(“他”能力弱。)
V 评价特征	正	√	√
	中	√	√
	负	* 他帮忙走私。	他帮助别人走私。
言者与 V 客体立场	同	他们帮忙打扮我女儿。	他们帮助我女儿打扮。
	异	* 他们帮忙欺负我女儿。	他们帮助坏人欺负我女儿。

表 7-2　抱歉—道歉

		抱歉	道歉
意义		言语行为的内容: “你好!”“谢谢!”“抱歉!”	言语行为的性质/类型: 打招呼、感谢、道歉
词性		感情心理动词	言语行为动词
带对象		*	我向你道歉。
作状语		他抱歉地说:“……”	*
作定语		抱歉的表情、抱歉的话	* 道歉的表情、道歉的话
言语行为目的	拒绝时的外交辞令	(不想参加一个朋友的婚礼):很抱歉……	*
	真实意思表述	√	√
共现信息	感到～	我感到很抱歉。	*
	程度副词+～	很抱歉、非常抱歉	*

（续表）

		抱歉	道歉
共现信息	带动量、时量补语	*	我向他道了好几次歉。 我向他道了好半天歉
	助动词＋～	*	你要/应该/必须/得道歉。……
	接受＋～	*	接受道歉

表 7-3　表达$_1$—表示

		表示	表达
客体属性	事件客体（动作行为）	我向他表示感谢。 经理对他的方案表示支持/反对。 我们向他表示哀悼。 很多科学家对人工智能的未来表示担忧。 对他的反应，老师表示理解。	*
	事物客体（感情）	*这个意思用汉语怎么表示？ *这篇文章表示了什么主题？ ……	这个意思用汉语怎么表达？ 这篇文章表达了什么主题？我表达了对他的感激之情。 我不知道怎么表达内心的愤怒。 歌声表达了我们对他的怀念（之情） 经理表达了对他的方案的支持之意。
工具		言语、表情、身体动作等	言语

表 7-4　不如—没有（一）$_4$

		不如	没有
Adj 省略		弟弟不如哥哥。	*
评价特征	正面	那个不如这个便宜。	我没有你聪明。
	负面	*我不如你笨。	我没有你笨。
与“这么/那么”共现		*我不如你那么聪明。	商场的空气可没学校这么好。 城市里的空气没有山里那么清新。

表 7-5　尝(一)$_1$——吃$_1$

		尝	吃
动作目的		为了知道味道好坏	为了肚子饱
客体数量		少	无多少要求
结果补语	～下	*	吃下、吃得/不下
	～上	*	吃上了馒头
状态补语	～得…	*	吃得很香、吃得不好、吃得少、
客体指称	定指	√	√
	不定指	*你尝尝一个菜。	我想吃点什么。
	单指	你再尝尝这几个菜。	√
	通指	*尝饭、*尝水果	√
抽象客体		让你尝尝我的厉害。	*
		*尝到了苦头	吃到了苦头
		尝到失恋的滋味	*
		尝到了甜头	*吃到了甜头

表 7-6　忏悔—后悔

			忏悔	后悔
意义			动作主体的行为违反法律，对他人造成了严重的后果	动作主体的行为对主体自己不好，是否违法不重要
客体事件属性（感情发生原因）	评价特征	正面	*	到军队不许后悔，不许哭。
		中性	*	我后悔买这个手机了。
		负面	你要忏悔自己的罪行！	因考试偷看而被处分，至今后悔不已。
	事件客体	对自己	*我忏悔买了这个手机。（不给别人造成伤害，不需忏悔）	我后悔买了这个手机。
		对他人	德国总理向犹太受害者忏悔。	偷了别人的东西，被警察抓起来了，你现在会后悔吗？
评判出发点			从别人的利益考虑，以前的行为对别人不好。	从自己的利益考虑，以前的行为对自己不好。

（续表）

		忏悔	后悔
动作目的		表示歉意、请求原谅	表达自身感受
语法功能	带名词宾语	～自己的罪行、～自己的过错、～自己的罪恶	*
	带小句宾语	*	后悔买了这个手机。 后悔没多带些衣服。
	作定语	～信、～的眼泪、忏悔的口气	* 后悔信、后悔之意
	带补语	*	后悔死了、后悔得吃不下饭
	使令	*	这件事令我深感后悔。
共现信息	程度副词～	*	很后悔、一点儿不后悔、
	表示～	表示忏悔	*
	感到～	*	感到后悔
	应该/必须～	应该忏悔	*
	痛心疾首地～	痛心疾首地忏悔	*
自主性	逼 Sb. ～	逼她忏悔(动作自主性强)	* 逼她后悔(无自主性)

表 7-7 趁早—早点儿

	趁早儿	早点儿
作谓语	*	你尽量早点儿。
想～	*	我明天想早点儿起床
未发生	√ 你～和他分手吧。	√
已发生	* 我～和他分手了。	*
主语第一人称	* 我～毕业了。	√
后接否定	如果你去解决不了问题，那你趁早别去。	*

表 7-8 带(二)$_6$——领$_1$

		带	领
动作目的	帮助	√	√ 我领你去吧。
	非帮助	把犯人带上来！|带证人！	* 把犯人领上来！|领证人！

（续表）

		带	领
客体评价	正	√	√
	中	√	√
	负	√带罪犯！	*领罪犯

表 7-9　担心—生怕

		生怕	担心
～+V		很多人跟别人交往时，生怕吃亏。	√
～+S(句子) (篇章衔接功能)		王老师说得很慢，生怕学生听不懂。	*
～+N		*	我正担心你呢。
单独作谓语		*	我担心着呢
共现	程度副词	*	很担心、非常担心
	否定	*	不担心、没担心

表 7-10　发怒—生气

		发怒	生气
和程度词语共现	很/有点儿+～	*	√很/有点儿生气
	～极了	*	√生气极了
	～得很	*	√生气得很。
与事	对…～ 跟…～	她对男朋友发怒了。 *她跟男朋友发怒了。	*她对男朋友生气了。 她跟男朋友生气了。
感情发生的原因	人	因为 Sb. 发怒了。	生 Sb. 的气/跟 Sb. 生气了 她还在生男朋友的气。
	事	因为这件事发怒了。	因为这件事生气。
带时段、动量	好几天	*发了好几天怒	生了好几天气
	一次	？发过一次怒	生过一次气
附属色彩		书面语	口语

表 7-11 付出—贡献

			付出	贡献
受益者		自己	√为了取得冠军,他付出了很多。	*
		他人	√他为了救人,付出了自己年轻的生命。	√他为国家贡献出了自己青春热血。
		单指	√他为女朋友付出了生命	*
		通指	√他为人民付出了生命。	√
客体		具体	√付出鲜血	*
		抽象	√	√
		物	√付出青春、精力、代价	√
		事件	√付出劳动、努力、辛劳、牺牲	*
		正面评价	√	√力量、才智、青春、生命
		负面评价	√付出汗水、努力、心血、代价、	*
共现	带补语	V出	*	贡献出自己的聪明才智
		V给	*	把一生贡献给科学事业
	带数量	V了很多	付出了很多	*

表 7-12 感动$_1$—激动$_1$

			感动	激动
因事(感情发生的原因)	己他对立	自己完成之事	*	取得冠军以后,他很激动。
		他人完成之事	听了她舍己救人的事,大家都很感动。	*
	评价特征	好事	√	√
		坏事	*	√
	主体受益	中性	√	*
		受益	小王每天早上都给她买早饭,她被感动了。	√得到冠军后,他很激动。
		受损	*	听说经理要开除她,她很激动。

（续表）

		感动	激动
外在表现		很少有外在表现，可能会哭	声音变高、表情变化、流泪等
分布	别＋～（祈使）	＊你别感动。	你别激动，有话好好说。
	把…～	他把小李感动了。	＊
	被…～	小李被他感动了。	＊

表 7-13　感激—感谢

		感激	感谢
状语		他～地说："你真是个好心人。"	＊
定语		我不知道怎么表达自己～的心情。 他用～的目光看着小王。	～的话
谓语	带宾语	我很感激她。	我很感谢他。
	不带宾语	她帮了我的大忙，我很感激。	＊她帮了我的大忙，我很感谢。
客体	人	我非常感激他。	我很感谢他。
	非人	＊	感谢他的好意、帮助、支持、照顾……
共现信息	想＋～	＊	我想感谢他。
	怎么＋～	＊	我怎么感谢你呢？
	为了＋～	＊	为了感谢他，我请他吃饭。
	已经＋～	＊	我已经感谢他了。
	～＋程度	感激万分、感激不尽、感激极了、感激得很	＊
语义分类		心情、心理动词	行为、行为动词

表 7-14　害怕—可拍

	可怕	害怕
词性	形容词	心理动词
意义	说明事物的特点/属性 鬼可怕不可怕？	说明人的心理 我害怕鬼。

（续表）

		可怕	害怕
带宾语		*	我很害怕他。 我～蛇。
单独做定语		蛇是可怕的动物。 我看到了可怕的一幕。	蛇是让人害怕的动物。 我看到了让人害怕的一幕。
主体	人	王经理很可怕。	王经理很害怕蛇
	事物	大海很可怕。	*
分布	祈使句	*	年轻人不要～失败。
	致使句	*	眼前的情景令人～。

表 7-15　记得—记住

		记得	记住
意义		东西到了脑子里以后一直没忘，一直存在在脑子里。	东西(知识、事情、人)以前没在脑子里，看过、学习以后到了脑子里了，而且不忘。
时态		持续(对客体一直没忘) 我～那天是星期一。	完成 他才读了三遍就记住了。 我已经记住了。
否定式		我不记得他的名字了。 记不得	没记住 记不住
共现信息	还/仍然～、	30 年以后你还记得我吗？	*
	就～、已经(表示已然的副词)	*	我只见过他一次，就记住了他的样子。
～+句子		我……我把手机放在教室里了。	*
篇章衔接功能		引出下文要说的历史： 记得几年前，苹果才 1 块钱一斤。 记得有一次，我被锁在门外了。	*

表 7-16　考虑—思考

		考虑	思考
名词		我们不知道他做出这样的决定是基于什么考虑。 他不参加有这方面的考虑。	*
动作目的		和不和他结婚，你考虑好了吗？ 经过认真地考虑，麦克决定辞职。 我们要多为别人考虑。 考虑到他身体不好，领导让他做轻松的工作。 他做事考虑得很周到。 要把所有可能的情况都考虑进去。 （想某个行动、某个决定好不好）	老师提出问题以后，同学们都在认真思考。 这个题他思考了很长时间，也不知道怎么做。 学习上，我们要勤于思考。 （解决某个问题，学会某个知识、某个理论）
带补语		考虑好、考虑到、考虑得很周全、	*
客体	物	我还在考虑这个问题。	我还在思考这个问题
	事件	我考虑辞职。	*

表 7-17　可惜—惋惜

		惋惜	可惜
句法功能	感到/觉得～	我们为他(感到)惋惜。①	我们为他感到可惜。
	谓语	神情惋惜、目光惋惜 * 这些饭菜扔掉太惋惜了。	* 神情可惜、* 目光可惜 * 这些饭菜扔掉太惋惜了。
	状语	他惋惜地说："……"	*
	定语	惋惜的表情、惋惜的目光	* 可惜的表情、* 可惜的目光
	补语	* 死得很惋惜	死得很可惜、 这么好的衣服让她穿，穿可惜了。
	带宾语	*	可惜了这么好的机会。
篇章衔接		* 我很想去看，惋惜没有时间。	我很想去看，可惜没有时间。
用于感叹		* 你没去太惋惜了。	你没去太可惜了。

① "惋惜"是表示心理感情的，常做"感到""觉得"的宾语，但是"感到""觉得"可以省略，于是"惋惜"有了类似心理动词的用法，令人惋惜、惋惜了好长时间……；"可惜"不可以省略。

（续表）

		惋惜	可惜
主体	物	惋惜的表情、惋惜的口气、表情、心情	*
	事件	* 扔掉惋惜、* 放弃惋惜 * 这个机会失去惋惜	扔掉可惜。放弃可惜 失去这个机会可惜。
同现	令人～	令人惋惜	* 令人可惜　令人感到可惜。
	表示～	表示惋惜	*
	～时量	～了好长时间	*
	～的是	* 惋惜的是……	可惜的是……

表 7-18　离别—分别

		离别	分别(一)
带宾语		离别家乡、离别父母亲人	* 分别家乡
和 N～	N 是人	和父母离别了	和父母分别了。
	N 是地方	* 和家乡离别了	*

表 7-19　临时—暂时

		临时 V	暂时 V
意思上的差别		非计划性的突发事件，没有预知事情的发生，采取的不正式的做法： 他病了，不能来上课，院长临时找人代替他。 这些措施是临时的。	计划性的，已经发现了问题，在找到最好的解决办法之前，短期内先 V： 她病了，跟院长请了假，院长让我暂时代替她。 我们的困难是暂时的。
时间属性	时点	没有预约不可临时拜访。 我们随身带来的雨衣不够用，就临时买了两把伞。	* 没有预约不可暂时拜访。
	时段	*	你们的钱，我暂时还还不上。

（续表）

		临时 V	暂时 V
非动作动词(状态动词)		*	暂时受到影响 暂时在家病休 经济暂时停止增长 比分暂时领先 这种商品暂时缺货
后接否定		*	我暂时想不起他的名字。 血暂时不流了。
主体	人、组织机构	公司临时组织了一场欢迎会。	日本暂时停止进口欧洲牛肉。
	物	*	经济暂时停止增长

表 7-20　瞒—隐瞒

			隐瞒	瞒
共现	介词	对/向…V	对妻子隐瞒	*
		把…V	把真相隐瞒起来	*
	可能补语	V 不住	*	这件事瞒不住了。
		V 不了	*	你瞒不了我的。
		V 不下去	隐瞒不下去	瞒不下去
		V 不过	*	瞒不过所有人的耳目
	结果补语	V 到	隐瞒到几时？	瞒到几时？
	时量	V 多久	隐瞒多久？	瞒多久？
	趋向补语	V 起来	把真相隐瞒起来	*
客体		受事	隐瞒真相、病情、身世、婚史、秘密、收入、	*
		对象	？ *隐瞒着他(使用频率极少)	瞒着妻子。
固定用法			*	不瞒你说…

表 7-21　美丽—漂亮

<table>
<tr><th colspan="3"></th><th>美丽</th><th>漂亮</th></tr>
<tr><td rowspan="9">主体</td><td rowspan="2">人</td><td>女</td><td>美丽的姑娘</td><td>漂亮的姑娘</td></tr>
<tr><td>男</td><td>* 美丽的小伙子</td><td>漂亮的小伙子</td></tr>
<tr><td colspan="2">衣服</td><td>美丽的衣服</td><td>漂亮的衣服</td></tr>
<tr><td colspan="2">风景</td><td>美丽的风景/景色</td><td>漂亮的风景/景色</td></tr>
<tr><td colspan="2">建筑、器物</td><td>*</td><td>漂亮的大楼、漂亮的手机</td></tr>
<tr><td rowspan="3">动作</td><td>做状语</td><td rowspan="3">*</td><td>她漂亮地转了一个身儿。
体操运动员漂亮地完成了动作。</td></tr>
<tr><td>作补语</td><td>她把自己打扮得很漂亮。
这件事办得很漂亮。</td></tr>
<tr><td>做定语</td><td>我们打了一个漂亮仗。
(语义上仍然在修饰动作)</td></tr>
<tr><td colspan="3">指某种技能好</td><td>*</td><td>他说一口漂亮的英语。
他写一手漂亮的字。
他打一手漂亮的太极拳。
他弹一手漂亮的好钢琴。</td></tr>
</table>

表 7-22　难过—难受

<table>
<tr><th colspan="3"></th><th>难过</th><th>难受</th></tr>
<tr><td>动词</td><td colspan="2">生活不好过</td><td>寒冷的冬天很难过。</td><td>*</td></tr>
<tr><td rowspan="2">形容词</td><td rowspan="2">主体特征</td><td>感情</td><td>√</td><td>被老师批评,很难受。</td></tr>
<tr><td>生理</td><td>* 感冒了以后人很难过。</td><td>感冒了,浑身难受。</td></tr>
</table>

表 7-23　同意—赞成

	赞成	同意
意义	“赞成 Sb. V”:觉得“Sb. V”这件事好。	“同意 V”:允许 Sb. 做“V”这一动作。

（续表）

	赞成	同意
主体是否需要权力	朋友赞成我跟他结婚。 老师不赞成我请假。①（话语策略） 我的好朋友要离婚，我不赞成他的做法。	父母同意我和他结婚。 老师不同意我请假。 * 我的好朋友要离婚，我不同意他的做法。
组织机构能否当主体	* 学校赞成他提前毕业。 * 公司赞成我去国外工作。	学校同意他提前毕业。 公司同意我去国外工作。
对象角色重叠情况的差别	我赞成去。(不是“我”去) 小王赞成把手机借给他。(“手机”不一定是小王的，“借”不一定是小王的动作)	我同意去。(我去) 小王同意把手机借给他。(小王借手机)

表 7-24　有名—著名

	有名	著名
与程度副词的共现(“很～”)	很有名的产品 在世界上很有名。	*
做谓语	这个人很有名。 茅台酒在世界上非常有名。	*
与“的”共现(“～＋的＋名词”)	必须用“的” * 有名作家、有名高校 有名的作家、有名的学校	可以不用“的”： 著名作家、著名高校、著名的古建筑

表 7-25　相信—信任

		相信	信任
意义		觉得真	觉得可以依赖、托付
客体	人	我相信你	我信任你
	物	我相信这个故事。	*

① 这里本来应该用“同意”，但“话语策略”导致二者的使用领域互相侵蚀。本来应该说“老师不同意我请假”，但是作为老师的说话人为了拉近与听话人的距离，故意打破了“赞成”这一词的主体角色一般为朋友的无权限特征限制，在话语策略上把老师主体当作朋友，达到了更好的表达效果，这是修辞因素影响语域的典型用例。同样，如果你的好朋友要离婚，你非常不赞成，为了增强表达效果，说话人也可以打破“同意”的主体角色必须有权力的语义特征限制，选用“同意”来表达。

（续表）

	相信	信任
小句客体	我相信你能成功	*
篇章衔接功能	主席昨天访问了美国，相信这次访问能增进两国关系。	*
名词	*	感谢大家的信任！

表 7-26　自发—自觉$_2$

		自觉（不需要监督、强迫）	自发（不需要号召）
做状语		大家都在自觉（地）学习。	*
	～地	每个人都自觉地做好自己的工作。	人们自发地去医院看望他。
作谓语		这个人很自觉。	* 人们很自发。 人们是自发的。
作定语		自觉的态度	自发行为
否定式	不～	你这个人真不自觉！	* 不自发
	没～	刚才我没自觉遵守纪律。	*
进行态		同学们都在自觉地学习！	* 人们都在自发地为他送行。
祈使句		你要自觉遵守纪律！	* 你要自发地给灾区捐款。
与程度副词共现		同学们都很自觉地做作业。	* 同学们很自发地去火车站送他。
主体		单复数均可	一般是复数
客体		某种身份职责范围之内的事情： 大家都自觉遵守纪律。	不是职责范围内的事情，出于情理、良心去做的事情： 职员们自发地给王经理送行。

结　　语

一、基于语义角色的谓词同义词辨析是一种有效的辨析思路

长期以来，语义学家、语文教育工作者编了一部又一部的同义词词典，以告诉读者某组同义词的区别从而达到使人正确运用语言的目的。但是同义词典的读者们始终没有从中得到一种辨析同义词的方法、技能。古人云“授人以鱼，不如授之以渔”，给人金子，不如给他点石成金的手指。本书提出了一个基于语义角色的谓词组合能力和组合关系描写框架，对常用谓词同义词组按照语法功能、语义角色关系、语义角色的语义属性三个层级以框架为轴线逐层加以对比，以查找谓词同义词组内成员的差异。和语法相关的差异是最容易被观察到，其次是语义角色关系、最复杂最隐蔽的是语义属性。因此把最容易被感知的差异作为最先的观察步骤，最后才动用语义属性特征这一视角。事实证明，大量谓词同义词能够从语义角色的语义属性方面找到差异，随着挖掘的深入，这个比例还将有更大的提高。即使我们常说的某些褒义和贬义差别、语义侧重点的差别，也可以从语义角色的属性特征上得到显现。基于语义角色的谓词同义词辨析是一种有效的辨析思路，是辨析谓词同义词之“渔”。

二、该描写框架是谓词词义研究结果加合的可行平台

谓词组合能力和组合语义关系描写框架为不同学者词义研究和同义词辨析成果的加合提供了切实可行的客观平台。语言研究的主观性和片面性是难免的，因为我们是透过言语的碎片去研究语言这个规则系统，靠的是归纳概括。而任何人都不可能占有语言的全部材料，因此虽然有了计算机和语料库的帮助，我们仍然难以避免语言研究的主观性、片面性。从这个角度讲，以往同义词辨析专家们有时就

会得出彼此相反的结论,我们就不能对他们过于苛责了。循此平台辨析同义词,可以将不同研究者的成果实现有效整合,真正实现语义研究者劳动成果的相加,取长补短,力求最大程度地消除研究中的主观性片面性。这一思路不仅仅是辨析思路,而且也是辨析成果的描写办法,循此思路描写辨析的成果,可以很大程度上避免以往的同义词辨析成果描写上所用术语的含混不清,有益于读者把握和领会。这一描写框架与传统的搭配是不同的,搭配的说法比较笼统,往往是就动词和其后所带的特定宾语说的,忽略了谓词前边的体词性成分。这一组合框架不但能显示谓词前后所能组合的体词性成分的数量,而且蕴含着谓词与其之间的语义关系。

三、语义属性的提取是该思路的黑箱

本书尝试用有生与无生、个体与集体、具体与抽象、物体与事件、数的信息、社会地位、评价特征、主体意愿、自己与他人九个语义属性维度去观察描写谓词同义词的差异,其他如某个角色是否在场、语义角色的存在状态、受益者角色等也都有观察的价值,但这些方面本书并没有深入下去,只是在相应的场合略有论及。正如义素分析法用什么义素去描写语义事先并不知道一样,到底用几个语义属性、用那几个语义属性就可以把一种人类语言的谓词所结合的语义角色彻底区分开来,恐怕是谁也说不清的。不过随着语义信息的深入挖掘,我相信总有一天人类会在这个问题上给出较为完整的答案。

四、该思路的盲点

任何方法都不是万能的,基于语义角色的谓词组合能力和组合关系描写框架也并不能观察出所有谓词同义词的差异。我们知道该思路是以谓词基于词汇语义所组合的名词短语为关注的中心,那么谓词的某些共现信息以及分布信息往往就没有办法观察到。

有一些谓词必须跟某种成分共现,而有些谓词不能跟某些成分共现,这会成为谓词同义词组的重要差别。比如我们知道在不表示对比或者回答问题时,一般形容词做谓语时一般要跟程度副词或者否定副词共现[157],而区别词则没有这样的要求,因此属于区别词的“主要”和属于一般形容词的“重要”在与程度副词的同现上就表现出明显差异——前者不能跟“很”等程度副词共现,与此一样的还有“著名—有名”,“著名”不能与“很”共现。再比如,有些谓词必须跟数量成分同现,离开了数量成分则不能自足,如“勉强V”有两个意思:

(1) V是心理动词:～同意、～答应

(2) V是动作动词:

他勉强吃了一点儿/一口/几口。

他勉强干了一个月/几天/几个星期就辞职了。

义项(2)“V”是一般动作动词,需要时量、数量共现信息,否则不能成句:

*他勉强吃了。

*他勉强干了。

“一连—连续”的区别就属于这样的情况。“一连”必须与数量成分同现,而用“连续”的句子有无数量词均可。[166] 再如“阔别—离别”,“阔别”必须与数量成分同现,“离别”有无数量成分均可。“方圆—周围”,前者必须与数量成分同现,后者有无数量成分均可。副词中“一共—都”也属于这样的情况。这两个词所对应的韩国语都是“모두”,两者的区别是相对于数量成分的不同分布,“一共”后面必须有数量成分与其同现,“都”后数量成分不是必需的。要求必须有数量成分与之共现的还有“总共”。

关于共现的另一种情况是谓词与助动词的共现情况。“感谢”作为动词,可以与助动词共现,而“感激”作为一个更偏向于心理感受的形容词,不可与助动词共现。关于共现,我们将另文详细探讨。

关于词的分布,汉语中一个典型的例子是虚词“还—再”,当它们与助动词共现时,“还”总是分布于助动词前,“再”总是分布于助动词后。分布可以相对于某个词的分布,也可以相对于某种句式的分布,如虚词“还是—或者”相对于陈述句和疑问句的互补分布。在我们讨论的谓词同义词中,“感激—感谢”在祈使句中的分布就表现出明显差异——“感激”不能用于祈使句,而“感谢”可以。再如,“激动—感动”在祈使句、致使句中的不同分布情况,也是二者的重要差别。分布还有可能是相对于某种时态的分布,详细情况我们也将另行探讨。

五、下一步的研究方向

本书将谓词同义词的辨析推进到承担相同语义角色的体词短语的语义属性的观察上，并观察了体词短语常见的九个属性维度，以显示谓词同义词的差别。沿着这一设想，接下来我们要继续推进的工作有：

第一，全面观察谓词受益角色的差别。谓词的主体、与事、对象/受事三个核心论元，可能因为谓词动作受益，也可能因为动作受损，也可能某个角色不能为受益者，某个角色不能为受损者。如"帮忙—帮助"，在"帮助 Sb_1/帮忙 V"格式中，用"帮助"时，"A"不能从"V"得到好处，而用"帮忙"时，主体可以受益：

① 他帮助病人吃。(主体"他"不吃)

② 苹果太多了，吃不了，大家都来帮忙吃吧。(主体"大家"也吃)

本书零星地观察了谓词损益角色的差异，但是不成规模。这方面的考察尤其对授受类、心理情感类谓词，具有重要价值。

第二，观察不同谓词角色的立场差别。谓词各角色立场一致情况，以及角色立场与言者立场的一致情况也左右着词语的选择。我们发现，言者立场可能与谓词某个角色的立场一致，这种情况在不同的谓词上会存在差别，影响谓词同义词的选择，请看下例：

③ 他(Sb_1)帮助小王(Sb_2)欺骗我弟弟(Sb_3)。

④ *他(Sb_1)帮(小王的)(Sb_2)忙欺骗我弟弟(Sb_3)。

例④不能成立，原因是"帮忙"的言者立场与主体 Sb_1、与被帮助对象 Sb_2 的立场并不一致，而总是与事件中的客体 Sb_3 一致，若事件中有 Sb_3，说话人总是与 Sb_3 站在同一阵营，而"帮/帮助"则没有这样的要求。这种言者立场的独立性还表现在"帮忙"中的客体事件 V 一般不是表示消极评价意义的事件如"走私"、"贩毒"等。再如"带—领"，"带犯人"中，言者立场并不与客体一致，而"领她去"中的"领"，言者立场与客体立场一致，这种立场的差别导致其后是对客体的致损性动作时，无法使用"领"。再如，"忏悔—后悔"二者感情缘起的出发点是不一样的，"后悔"的判断立场是主体，而"忏悔"的判断标准不是主体，而是因事事件中的被侵害者。对言者立场与语义角色立场的一致情况进行大规模的系统观察,将是谓词同义词研究的一个很有价值的观察视角。

第三,观察人类认知视点的转换对谓词的影响。视点转换影响着人类对事物数量特征的认识,影响着词语的选择。Talmy 阐述的人类认知世界的 Synoptic Mode 和 Sequential Mode 两种模式,前一种人类的认知视点静止在一个空间范围内,是一种静态的视点;后一种人类的视点在若干个空间范围上转换,是一种动态的外部视点。[32]这两种视点导致人类对同一事物有不同的数量认知结果,前一静止视点把对象看作一个事物,是单指,后一动态视点把事物看作由众多的匀质个体构成,包含着复数语义信息。沈家煊指出,“差不多 P”是在数量和程度上“接近 P”,“差点儿 P”是“非 P”。两个 P 的性质是不一样的,前者包含着很多匀质个体,后者只有一个事件。“他差一点四门课不及格”能说,是把“四门课不及格”看作一个可实现的事件,二者蕴含着两种不同的认知视点。“河水差一点结冰了。”是把河水作为一个未经分割的整体。“河水差不多结冰了。”是把河水看作众多匀质组块,其中每一块都参与谓词语义生成。[167]袁毓林用“容器隐喻”和“套件隐喻”来解释“满”和“全”的选择规则,如果把某事物看作一个容器,用“满”,而看作多个容器组成的“套件”,用“全”。[31]这两种隐喻模式其实是人类认知视点在同一事物上的转换,“容器隐喻”是静态视点,“套件隐喻”是动态跳转视点。我们也发现周遍性处所后边选择“有”还是“是”表示存在取决于周遍处所的种类,一体性的周边处所只能用“是”,叠加性周边处所可以用“是”和“有”。前者跟容器隐喻一样,对应于静态视点,后者类似于套件隐喻,是动态视点。再如:“帮忙—帮助”中,语码的互换也蕴含着人类的认知视点的转换。“帮忙盖房子”中,说话人采用的是动态视点,把“盖房子”看作由众多事件构成,“帮助盖房子”说话人把“盖房子”看作一个不可分割的整体,采用的是静态视点。二者表达的主观义也因此而不同,前者凸显了客体的“忙”,后者凸显了客体的能力弱。视点转换是语言主观性的体现,这方面系统、大规模的观察是语言主观性研究的重要窗口。

第四,观察体词的指称差别。传统上说的个体、集体差别就是指称上单指与通指的差别。沈家煊指出,性质形容词与集体名词相联系,具有恒定的语义属性;状态形容词与个别名词相联系,具有临时的语义属性。[168]不同谓词在所组合的体词的指称上肯定存在单指/通指、定指/不定指、实指/虚指等差别,我们现在所进行的观察是零星的，不彻底的，尚需进行系统的考察。

第五，时体情态方面的差别。我们的谓词语义描写框架只反映了命题，没有包含时体、情态方面的信息。汉语缺乏形态变化，很多时体、情态方面的信息蕴含在谓词语义之中，不同谓词蕴含的时体、情态信息肯定有差别。如“着想—考虑”，“着想”就不能用于进行时的句子中。从这方面进行成规模、系统的观察也是极有价值的。

格雷马斯曾经说过，语义学家始终处于夹缝之中，在哲学界受到精于严密推理的逻辑学家所批评，在语言学界，又受到语法学家们批驳。诚然，谈语义要谈得有所见地是非常困难的，本书实际问题谈得较多，涉及到了二百八十余组谓词同义词，又由于语义研究的特殊性，以偏概全的问题在所难免。语义研究难，但是语义研究在语言本体研究中、在人工智能领域所起到的无可替代的作用越来越受到学者们的重视，缺乏形态的汉语语义研究意义就更为重大，更需要深入的研究；本研究遵循先罗列事实再归纳道理的研究方法，理论上的提炼尚显不足，有待来日再作努力，请方家示正。

附录　本书所论及的谓词同义词词组

（一）来自《简明同义词典》(括号内的是作者自己所加)

爱戴—敬爱	$肥_1$—胖
$安静_1$—平静	愤怒—愤慨—(生气(一))
安全—平安	$丰满_2$—饱满
安葬—$埋葬_{1、2}$	扶养—抚养—赡养
傲慢—高傲—$骄傲_1$	改善—$改良_1$
抱怨—埋怨	改正—纠正
暴露—揭露—($披露_1$)	$感动_1$—$激动_1$
悲痛—$沉痛_{1、2}$	感激—感谢
崩溃—$瓦解_2$	古怪—$奇怪_1$
比赛—竞赛	$鼓舞_1$—鼓励
鄙夷—鄙视	关怀—关心
庇护—袒护	关切—关注
鞭策—督促	观赏—$欣赏_2$
遍及—$普及_2$	害怕—(可怕)—惧怕
表明—标明	合适—适合
表扬—表彰	化妆—$化装_2$
仓促—匆匆	回顾—回忆
呈现—$浮现_1$	会见—接见
诚实—诚恳	混乱—杂乱
垂死—$垂危_1$	机密—秘密
慈祥—慈爱	$激动_1$—$感动_2$
担心—担忧	$感动_1$—$激动_1$
到达—达到	$激烈_1$—剧烈—$猛烈_1$
$低沉_3$—消沉	驾驶—$驾驭_{1、2}$
抵偿—赔偿	$坚定_1$—坚决
$调和_3$—调解	歼灭—$消灭_2$

建设—建造—建筑	美丽—漂亮$_1$
交换$_1$—交流$_2$	美满—圆满
接收$_1$—接受$_2$	渺小—微小
谨慎—小心$_{1、2}$	明白$_1$—清楚$_{1、3}$
尽情—尽兴	陌生—生疏
惊恐—惊慌	偏向$_3$—倾向
惊奇—惊讶	平常—平凡
警戒$_{1、2}$—警惕	普遍—广泛
救济—接济—周济	欺负—欺压
拘谨—拘束$_{1、2}$	强制—强迫
聚集—聚积	亲近$_{1、2}$—亲密
觉醒—觉悟	亲密—亲昵
开拓$_1$—开辟$_{1、2}$	亲密—密切$_1$
渴望—希望	亲切—亲热$_1$
克复—收复	轻视—鄙视—蔑视
克制—抑制$_2$	清除—扫除
恐惧—恐怖	庆贺—祝贺—(恭喜)
夸大—夸张$_1$	缺乏—缺少
夸奖—夸耀	热情—热心
宽敞—宽广—宽阔	认为—以为
宽容—宽恕	荣幸—幸运
困苦—痛苦	伤害—损害
扩充—扩大	深厚—浓厚
拉拢—笼络	声援—支持$_2$—支援
嘹亮—响亮—洪亮	视察$_1$—观察
吝啬—吝惜	疏忽—忽略
流传—散布$_2$	舒服$_1$—舒畅
流露—透露—(吐露)	树立—竖立
死$_1$—逝世—去世	伺候　侍候　服侍
伺候—伺弄$_1$	提议—建议
履行—执行	体验—体会
满意—满足$_1$	挑选—选择

停滞—中止	愚蠢—愚昧
同意—赞成	赞美—赞赏—赞扬—赞叹
推广—推行	增加—增添
推卸—推脱	占领—占据
脱节—脱离	招呼—召唤
歪曲—曲解—(误解)	召集—召开
挽回—挽救	振奋—抖擞—振作
危急—危险	震动—振动
威严—庄严	整个—全部
违犯—违抗	指引—指导—指挥
温柔—温存—温和$_2$—温顺	制造—制作
先进$_1$—进步$_{1、2}$	质问—责问
相信—信任	忠诚—忠实$_1$
削弱—减弱	咒骂—谩骂
消除—消灭	转变—转化—转移
消失—消逝—消亡—消灭	仔细—细致
虚假—虚伪	自动—主动
掩盖—掩饰	阻碍—阻止
荫蔽—隐藏	尊敬—尊重
隐蔽—隐藏	嘱咐—叮嘱—(吩咐)
永久—永远	动员$_2$—发动$_2$
涌现—出现	

（二）来自《现代汉语同义词词典》

把持$_1$—操纵$_2$	发表—刊登
保护—维护	发动$_1$—发起$_2$
奔走$_1$—奔跑	分外—格外—特别
打消—消除	合计(二)$_2$—盘算—算计
顶$_6$—迎$_2$	合计(一)—总计
斗争$_1$—奋斗	活泼—活跃
赌气—负气	坚强—顽强
对抗$_1$—反抗	接触—触
躲—藏$_1$	接近—靠近

解脱—摆脱	胜利—成功
冷漠—冷淡	谈—道—叙
廉价—便宜—低廉	调笑—耍笑—戏弄
临时—暂时	休战—停战
偶尔—偶然	抑制$_2$—遏制
谦虚—虚心	预定—预约
亲近—亲切	周到—周全
请教—求教	走漏$_1$—泄露—透露

（三）其他及自组同义词组

巴不得—恨不得	非议—批评
败露—揭露	分明—鲜明
背叛—叛变	复仇—报仇—报复
帮忙—帮助	付出—贡献
抱歉—道歉	改变—改造
碧绿—绿$_1$	通红—红$_1$
表达$_1$—表示	位于—坐落—地处
不如—没有(一)$_4$	小心—警惕
参观—访问	心爱—可爱
草率—草草	雪白—白$_1$
谄媚—献媚	咬—叮
忏悔—后悔	有—在—是
尝(一)$_1$——吃$_1$	有点儿 V—V 一点儿
吵嘴—顶嘴	有名—著名
趁早儿—早点儿	栽培—栽
成家—成亲	赞美—奉承
刺杀—谋杀	珍爱—珍惜
带(二)$_6$——领$_6$	知道—了解$_2$
低—矮	指导—辅导
丢—掉—扔	种植—种
斗争—批判	注意—警惕
发现—发明	着想—考虑
发现—只见	资助—援助
放弃—丢弃—抛弃	自发—自觉$_2$

阻碍—妨碍	快乐—高兴
主要—重要	阔别—离别—分别
盖$_7$—建(一)$_1$	冷$_1$—凉
感染$_2$—传染	瞒—隐瞒
给—赐	弥漫—布满
公开—公然	明显—清楚
恭维—奉承	批评—责备—责怪
害怕—可怕	漆黑—黑
忽视—轻视	伤心—悲哀
记得—记住	实行—执行
借—贷	熟悉—熟$_4$
精通—精$_6$	抬$_2$—提$_1$
据说—听说$_1$	抬—提
巨大—庞大	讨厌$_3$—嫌弃
考虑—思考	突然—忽然
可惜—惋惜	喜欢—爱
恐吓—吓唬	

参 考 文 献

[1] Bernard Comrie. Language Universals and Linguistic Typology[M]. Chicago: The University of Chicago Press, 1981. 转引自沈家煊译. 语言共性和语言类型[M]. 北京:华夏出版社,1987:31,73.

[2] 张志毅. 确定同义词的几个基本观点[J]. 吉林师大学报,1965(1):62-79.

[3] 维多利亚・弗罗姆金,等. 语言导论[M]. 沈家煊,等,译. 北京:北京语言学院出版社,1994.

[4] 王秀丽.《语义学与认知研究》述介[J]. 外语教学与研究,1994(3):136-138.

[5] 杰弗里・N・利奇. 语义学[M]. 上海:上海外语教育出版社,1987:6-10.

[6] 张国宪. 性状的语义指向规则及句法异位的语用动机[J]. 中国语文,2005(1):16-28.

[7] 吕叔湘. 中国文法要略[M]. 北京:商务印书馆,1982:53.

[8] 约翰内斯・恩格尔坎普. 心理语言学[M]. 上海:上海译文出版社,1989:91.

[9] 吕叔湘. "句型和动词学术讨论会"开幕词[C]//句型和动词. 北京:语文出版社,1987.

[10] Landau I. Dictionaries: The Art and Craft of Lexicography[M]. London: Cambridge University Press, 1989:141.

[11] 冯文杰. 同义词的定义及其有关理论——[俄]A・л・谢米纳斯著《现代汉语词汇学》摘译[J]. 十堰大学学报,1995(2):13-17.

[12] 张志毅. 简明同义词典[M]. 上海:上海辞书出版社,1981:81,120.

[13] 刘叔新. 现代汉语同义词词典[M]. 天津:天津人民出版社,1987:18.

[14] 彭玉海. 俄语语义研究的词典化倾向[J]. 外语与外语教学,2003(2):61-64.

[15] 菲尔墨. 格辩[M]. 胡明扬,译. 北京:商务印书馆,2002:10,31,34,35,142,150,158,171.

[16] 丁建新. 语法家之梦——"词汇作为最精密的语法"研究述评[J]. 现代外语,

2000(4):431-438.

[17] 华中师范学院中文系现代汉语教研室.现代汉语词汇知识[M].武汉:湖北人民出版社,1973:69-87.

[18] 方文一.同义词辨析·前言[M].杭州:浙江人民出版社,1980.

[19] 谢文庆.同义词[M].武汉:湖北人民出版社,1982:86-104.

[20] 高庆赐.同义词和反义词[M].上海:上海教育出版社,1985.

[21] 张志毅.同义词词典编撰法的几个问题[J].中国语文,1980(5):353-362.

[22] 梅立崇.同义词辞典编撰散论[J].世界汉语教学,1988(2):87-92.

[23] 贾彦德.汉语语义学[J].北京:北京大学出版社,1999:59-117.

[24] 张志毅.词汇语义学[M].北京:商务印书馆,2001:20-63.

[25] 方文一.同义词研究要从语言实际出发[J].辞书研究,2001(4):95-98.

[26] A.J.格雷马斯.结构语义学[M].蒋梓骅,译.天津:百花文艺出版社,2001:35,73.

[27] 符淮青.同义词研究的几个问题[C]//词典学词汇学语义学文集.北京:商务印书馆,1996:204-216.

[28] 陆俭明.汉语口语句法里的易位现象[J].中国语文,1980(1):28-41.

[29] Tai,James H-Y, Fang yi Chao. A Semantic Study of the Classifiers "Zhang" [J]. Journal of the Chinese Language Teachers Association, 1994,29(3):67-68.

[30] 石毓智.表物体形状的量词的认知基础[J].语言教学与研究,2001(1):34-41.

[31] 袁毓林.容器隐喻、套件隐喻及相关的语法现象——词语同现限制的认知解释和计算分析[J].中国语文,2004(3):195-208.

[32] Talmy L. Toward A Cognitive Semantics: Concept Structuring System[M]. Cambridge, Mass: The MIT Press,2000:71.

[33] 张占山.现代汉语的存在语义场[J].陕西师范大学学报,2007(2):123-127.

[34] 张占山,等.表存在的"有"与"是"的分布条件及其认知解释[J].同济大学学报,2008(1):88-92.

[35] 沈家煊.复句三域"行、知、言"[J].中国语文,2003(6):483-493.

[36] 毛茂臣. 语义学:跨学科的学问[M]. 上海:学林出版社,1988:3.

[37] 章宜华. 自然语言的心理表征与词典释义[J]. 现代外语,1998(3):46-61.

[38] Zadeh. Fuzzy Sets [J]. Information and Control,1965(8):338-353.

[39] Lyons J. Semantics [M]. Cambridge: Cambridge University, 1977: 317-335.

[40] 汪榕培. 西方学者对词汇学研究现状的综述[J]. 外语与外语教学,2000(4): 8-12.

[41] Wittgenstein L. Philosophical Investigations[M]. [German & English] Trans. G. Anscombe. Malden: Blackwell Publishers, 1958:32.

[42] 赵世章. 俄语动词的义素分解与义群划分问题[J]. 外语学刊,1984(4): 16-23.

[43] 章宜华,等. 词典释义研究的沿革与发展趋向[J]. 现代外语,2000(4): 371-382.

[44] 施春宏. 试析名词的语义结构[J]. 世界汉语教学,2002(4):17-25.

[45] 陈昌来. 现代汉语动词的句法语义属性研究[M]. 上海:学林出版社,2002.

[46] 陆锦林. "切夫语法"概述[J]. 国外语言学,1980(2):7-17.

[47] 袁毓林. 汉语动词的配价研究[M]. 南昌:江西教育出版社,1998:4,27, 86,88.

[48] 黄锦章. 汉语格系统研究:从功能主义的角度看[M]. 上海:上海财经大学出版社,1997:4,56,91,158.

[49] 袁毓林. 论元角色的层级关系和语义特征[J]. 世界汉语教学,2002(3): 10-22.

[50] 陈昌来. 语义成分研究[D]. 上海:复旦大学,1998:10-11.

[51] 王静. 动词的配价与被字句[C]//现代汉语配价语法研究. 北京:北京大学出版社,1995:97.

[52] 朱德熙. 自指和转指——汉语名词化标记"的、者、所、之"的语法功能[C]//朱德熙文集. 北京:商务印书馆,1999:16-47.

[53] 陆俭明. 配价语法理论和对外汉语教学[J]. 世界汉语教学,1997(1):3-13.

[54] 王勤学. 词义心理学[J]. 外语教学与研究,1994(4):73.

[55] 符淮青. 词义的分析和描写[M]. 北京:语文出版社,1996:73.
[56] 中国社会科学院语言研究所词典编辑室. 现代汉语词典[M]. 北京:商务印书馆,2012.
[57] 黎锦熙. 新著国语文法[M]. 北京:商务印书馆,1987.
[58] 鲁川,等. 交易类四价动词及汉语谓词配价的分类系统[J]. 汉语学习,2000(6):7-17.
[59] 陈望道. 修辞学发凡[M]. 上海:复旦大学出版社,2008:3.
[60] 钱钟书. 谈艺录[M]. 北京:中华书局,1984:531.
[61] 胡壮麟. 认知隐喻学[M]. 北京:北京大学出版社,2004:5.
[62] 彭玉海. 动词语义与客体题元[J]. 外语研究,2005(2),16-24.
[63] 吕叔湘. 现代汉语八百词[M]. 北京:商务印书馆,1980:47, 196, 559.
[64] 艾乐桐. 汉语中"欠"和"义务"的表示方法[J]. 国外语言学,1985(1):13-15.
[65] 邓守信. 汉英汉语常用近义词用法词典[M]. 台北:文鹤出版有限公司,1996:31.
[66] 张占山. "抱怨"与"埋怨"辨析与词典释义[J]. 辞书研究,2006(3):46-53.
[67] 符淮青. 现代汉语词汇[M]. 北京:北京大学出版社,1999:123.
[68] 段玉裁. 说文解字注[M]. 上海:上海古籍出版社,1981:159, 271, 309, 313, 596, 650, 667, 684, 992, 1079, 1133.
[69] 陈平. 释汉语中与名词性成分相关的四组概念[J]. 中国语文,1987(2):81-92.
[70] 陈小荷. 一个面向工程的语义分析体系[J]. 语言文字应用,1998(2):71-76.
[71] 郑定欧. 法国句法配价语法二十年[C]//现代汉语配价语法研究. 北京:北京大学出版社,1995,2.
[72] 朱永生等. 功能语言学导论[M]. 上海:上海外语教育出版社,2004:19.
[73] 卢润祥.《简明同义词典》评介[J]. 中国语文,1982(3):237-239.
[74] 彭玉海. 深层-表层结构与句子语义的阐释[J]. 外语学刊,1996(4):57-62.
[75] 李崇兴,等. 元语言词典[M]. 上海:上海教育出版社,1998:333.
[76] 吕叔湘. 说"胜"和"败"[J]. 中国语文,1987(1):1-5.
[77] 顾阳. 关于存现结构的理论探讨[J]. 现代外语,1997(3):15-25,150-153,201.

[78] 冯志伟.计算语言学基础[M].北京:商务印书馆,2001,72.

[79] 刘英林.汉语水平词汇与汉字等级大纲[M].北京:经济科学出版社,2001.

[80] 张志毅.同义词辨析应该注意语法上的区别[J].汉语学习,1958(12):36.

[81] 周荐.同义词语研究[M].天津:天津人民出版社,1991:34-45.

[82] 郭志良.对外汉语教学中词义辨析的几个问题[J].世界汉语教学,1988(1):19-24.

[83] 詹卫东.带词性标记的汉语词表[EB/OL].[2003-07-13].http://ccl.pku.edu.cn/doubtfire/lc_list.asp? folder=Resources.

[84] 孟琮,等.汉语动词用法词典[M].北京:商务印书馆,2003:11.

[85] 林杏光.人机通用现代汉语动词用法大辞典[M].北京:北京语言学院出版社,1994.

[86] 郑怀德,等.形容词用法词典[M].长沙:湖南出版社,1991.

[87] 张寿康,等.现代汉语实词搭配词典[M].北京:商务印书馆,1992.

[88] 马庆株.汉语动词和动词性结构[M].北京:北京语言学院出版社,1992:1-46.

[89] 袁毓林.现代汉语祈使句研究[M].北京:北京大学出版社,1993:25-28,40,171-237.

[90] 胡明扬.北京话形容词的再分类[C]//语言学论文选.北京:中国人民大学出版社,1991:95.

[91] 朱德熙.语法讲义[M].北京:商务印书馆,2000:52,176-177.

[92] 刘丹青.汉语相向动词初探[C]//语言研究集刊(第一辑).南京:江苏教育出版社,1986:17-34.

[93] 张谊生.交互动词的配价研究[J].语言研究,1997(1):15-30.

[94] 徐峰."交互动词配价研究"补议[J].语言研究,1998(2):48-52.

[95] 高明乐.试谈汉语"都"的定义问题[J].语言教学与研究,2002(2):30-34.

[96] 王还.再谈谈"都"[J].语言教学与研究,1988(2):52-53.

[97] 张占山."陆续"与"连续"的区别与词典释义[J].辞书研究,2006(1):68-77.

[98] 周小兵,等."一再"和"再三"的辨析[J].汉语学习,2002(2):61-64.

[99] 周国光.释"合情合理"与"偏听偏信"的对立[J].语言教学与研究,2002(1):

22-27.
[100] 张志毅.同义词辨析(十)[J].语文建设,2000(11):27-28.
[101] 吕叔湘,等.试论非谓形容词[J].中国语文,1981(2):81-85.
[102] 李宇明.非谓形容词的词类地位[J].中国语文,1996(1),1-9.
[103] 朱德熙.现代汉语形容词研究[C]//朱德熙文集第二卷.北京:商务印书馆,1999:4,6.
[104] 张国宪.略论句法位置对同现关系的制约[J].汉语学习,1998(1):3-7.
[105] 陆俭明,等.现代汉语虚词散论[M].北京:语文出版社,1999:13.
[106] 孟祥英.谈对外汉语教学中的近义词辨析[J].天津师大学报,1997(3):72-76.
[107] 赵新,等.对外汉语教学中的同义词辨析[J].暨南大学华文学院学报,2001(2):16-21.
[108] 张善生,等.试论"巴不得"与"恨不得"[J].语言教学与研究,2002(6):65-71.
[109] 贺国伟.词义分解与词典括注[J].辞书研究,1998(2):64-70.
[110] 贾彦德.对现代汉语语义格的认识与划分[J].语文研究,1997(3):23-29.
[111] 谭景春.材料宾语和工具宾语[J].汉语学习,1995(6):28-30.
[112] 丁昕.试论义值-以俄语同义词为材料[J].外语研究,1998(4):12-16.
[113] 张国宪.论双价形容词[C]//现代汉语配价语法研究.北京:北京大学出版社,1995:60,68.
[114] 刘丹青.形名同现及形容词的向[J].南京师大学报,1987(3):56-61.
[115] 徐家桢."热"和"暖和""冷"和"凉快"——教学笔记之一[J].语言教学与研究,1985(4):30-32.
[116] 马庆株.名词性宾语的类别[J].汉语学习,1987(5):3-8.
[117] 范晓."施事宾语"句[J].世界汉语教学,1989(1):22-25.
[118] 王占华."吃食堂"的认知考察[J].语言教学与研究,2000(2):58-64.
[119] 许德楠.几种特殊的词义转移现象[J].世界汉语教学,1991(1):29-32.
[120] 徐峰.汉语配价分析与实践——现代汉语三价动词探索[M].上海:学林出版社,2004:309-317.

[121] 杨成凯. 菲尔墨的格语法理论[J]. 国外语言学,1986(1)、(2)、(3).

[122] Fillmore C J. Toward a Modern Theory of Case[J]. Project on Lingguistic Analysis Report,1966,(13):1-24.

[123] 方文一."抱怨"和"埋怨"是等义词[J]. 浙江师大学报,1999,(3):3,31-34.

[124] 陆炳甫. 从语义、语用看语法形式的实质[J]. 中国语文,1998(5):353-367.

[125] 沈家煊. 说"偷"和"抢"[J]. 语言教学与研究,2000(1):19-24.

[126] 张普. 中文信息处理专题研究 6 语义研究[J]. 语言文字应用 1998,(2):69-70.

[127] 周建设. 西方逻辑语义研究[M]. 武汉:武汉大学出版社,1996,2.

[128] 彭玉海. 俄语动词词汇信息库[J]. 中国俄语教学,2000(1):16-21.

[129] 徐烈炯. 汉语语义研究的空白地带[J]. 中国语文,1996(4):255-259.

[130] 梅家驹,等. 同义词词林[M]. 2 版. 上海:上海辞书出版社,1996.

[131] 詹卫东. 汉语语义分类系统及语义关系描述基本框架[EB/OL]. [2002-08-14] http://ccl. pku. edu. cn/doubtfire/Semantics/973 _ Beida/index. htm,2002-08-14.

[132] 董振东.《知网》2005 版产品内容及规模. [EB/OL]. [2005-01-06]. http://www. keenage. com/html/c_content_2005. htm.

[133] 张普. 信息处理用现代汉语语义分析的理论与方法[J]. 中文信息学报,1991(3):7-18.

[134] 高庆赐,等. 中学语文词义辨析手册[M]. 武汉:湖北教育出版社年出版,1984.

[135] 佟慧君,等. 汉语同义词词典[M]. 北京:商务印书馆国际有限公司,2002.

[136] Hopper P, Thompson S A. Transitivity in Grammar and Discourse[J]. Language,1980(2):251-299.

[137] 林杏光. 中文信息界的语义研究谭要[J]. 语言文字应用,1998(3):94-97.

[138] 石毓智. 形容词的数量特征及其对句法行为的影响[J]. 世界汉语教学,2003(2):13-26.

[139] A. J. 格雷马斯. 结构语义学方法研究[M]. 北京:生活·读书·新知三联书店,1999,48.

[140] 陆俭明. 关于语义指向分析[A]. 中国语言学论丛(第一辑)[C]. 北京:北京语言文化大学出版社,1997:34-47.
[141] 苏英霞. 同译词辨析的几种方法[J]. 汉语学习, 2000(2):60-62.
[142] 孙维张,等. 语义的分类及其类型[J]. 语言文字应用,1998(3):89-93.
[143] 张志毅. 同义词辨析(五)[J]. 语文建设,2000(6):27-28.
[144] 张志毅. 同义词辨析(六)[J]. 语文建设,2000(7):32-33.
[145] 朱德熙. 说"差一点"[A]. 中国语文,1959,(9):435.
[146] 赵金铭. 教外国人汉语语法的一些原则问题[J]. 语言教学与研究,1994(2):4-20.
[147] 史有为. "没完"和"不停"[J]. 语言教学与研究,1995(3):77-81.
[148] 邵敬敏. 量词的语义分析及其与名词的双向选择[J]. 中国语文,1993(3):181-188.
[149] 孙德金. 语法规范、修辞张力与对外汉语语法教学[J]. 当代修辞学, 2009(1):30-38.
[150] 范方莲. 存在句[J]. 中国语文,1963(5):386-395.
[151] 聂文龙. 存在和存在句的分类[J]. 中国语文,1989(2):95-104.
[152] 宋玉柱. 定心谓语存在句[J]. 语言教学与研究,1982(3):27-34.
[153] 宋玉柱. 论存在句系列[C]//语法研究和探索(七). 北京:商务印书馆,1995.
[154] 廖秋忠. 空间方位词和方位参考点[J]. 中国语文,1989(1):9-18.
[155] 丁声树. 等. 现代汉语语法讲话[M]. 北京:商务印书馆, 1961:86.
[156] Ying che Li. Sentence with Be, Exist, and Have in Chinese: A Case Analysis[J]. Language,1972(3):573-583.
[157] 刘月华. 等. 实用现代汉语语法[M]. 北京:外语教学与研究出版社,1983:434-436,661.
[158] 詹开第. 有字句[J]. 中国语文,1981(1):27-34.
[159] 王建军. 敦煌变文中的存在句[J]. 中国语文研究(香港). 2003(1):9-18.
[160] 张志公. 汉语语法常识[M]. 北京:中国青年出版社, 1953.
[161] Б. И. Косовский. 研究语义场的数量方法[J]. 国外语言学,1982(4):30.
[162] 龙果夫. 论现代汉语简单句的分类问题[J]. 中国语文,1957(10):38-43.

[163] 范开泰. 语义分析说略[C]//语法研究和探索(4). 北京:北京大学出版社,1988.
[164] 齐沪扬. 现代汉语空间问题研究[M]. 上海:学林出版社,1998:48-57.
[165] 陆俭明. "着"字补议[J]. 中国语文,1999(5):331-336.
[166] 王黎. 说"一连"[J]. 世界汉语教学, 2003(2):43-47.
[167] 沈家煊. 不对称和标记论[M]. 南昌:江西教育出版社,1999,86.
[168] 沈家煊. 形容词句法功能的标记模式[J]. 中国语文,1997(4):242-250.

后　　记

本书得到同济大学110周年校庆文科学术著作出版基金资助，首先要感谢同济大学，感谢同济大学文科办公室，同时感谢同济大学出版社丁会欣编辑认真细致的工作。有政策的大力支持，有工作如此认真出色的领导、同仁，同济文科的复兴指日可待。

本书是在博士学位论文的基础上修改完成的，这次出版，增补了第五章、第七章，第二章添加了“篇章衔接功能差异”方面的内容，结语中添加了下一步的研究方向，并对博士论文的内容和措辞稍有改动。

在厦门大学攻读博士期间，导师李如龙先生在学术上给予了非常珍贵的指导和帮助。先生学术视野宏阔，思维敏锐，对博士论文从研究对象的确定到研究思路、方法都给予了无私的指导，使我受益匪浅。师母陈文祥女士在生活上给予了诸多关心和支持，在此谨致以衷心的感谢。节日、周末与同门聚于师门的美好情景，至今也仍记忆犹深。我还要感谢厦门大学的领导和老师们为使研究生们安于研究所做的工作。

感谢鲁东大学的词汇语义学家、同义词辨析专家张志毅先生在百忙之中对我的毕业论文写作给予的珍贵指导和建议。感谢从本科时期以来给我讲授语言类课程的张绍麒先生、陈洪昕先生、陈昌来先生、李敏先生，华中师范大学的邢福义先生、李宇明先生、萧国正先生、汪国胜先生、李向农先生、吴振国先生、厦门大学的苏新春先生、曾良先生、林寒生先生，他们高质量的授课使我明白了组合与聚合，把我引进了语言学的殿堂。感谢《辞书研究》的编辑们对我研究方法的评价，这对我来说是莫大的鼓励。

论文写作过程中曾跟著名语言学家陆俭明先生数次请教语法问题，每次陆先生都拨冗见告，学术风范，令人感佩。就搜索技术问题请教过机器翻译专家史晓东博士，得到史先生珍贵无私的帮助。感谢原工作单位鲁东大学留学生部的同仁们，我们相互之间毫无保留的切磋探讨使我受益。在生活工作中，诸多的领导、朋友给过我极为重要的无私的帮助，我永远铭记在心。

张占山

2017 年 3 月于同济大学